マイナス思考と上手につきあう

認知療法トレーニング・ブック

心の柔軟体操でつらい気持ちと折り合う力をつける

竹田伸也 著

遠見書房

イラスト・カバー挿画　大塚美菜子

プロローグ──ちょっと盗み聞きを……

とあるカフェで，こんな会話が聞こえてきます。

「最近，なんだか毎日つらいんだよねぇ」
「つらいって，どうしたの？」
「うん。それが，嫌な気分になることがよくあるのよ。気持ちが沈んだり，イライラしたり，不安でドキドキしたり，寂しくなったり……」
「それはつらいね」
「それに，私って昔からよくないことを先読みして考えたり，物事を悲観的に考えたりするでしょ。堂々巡りってわかってるけど，くよくよと考え込んでしまうのよねぇ」
「考えないようにすればするほど，悪い考えって浮かんでくるよね」
「なんでも完璧にしようと気負いすぎたり，そうかと思うと，"ダメな人"って他人からみられていないかと気になったり」
「うん，うん」
「人からは『もっと前向きに考えないとダメよ』って言われるのよね。わかっているけど，簡単にプラス思考になんてなれないし」
「ねぇ，嫌な気分を自分で軽くする方法があったら身につけたいと思わない？」
「そりゃ，思うけど……」
「それに，硬くて悲観的な考えを柔軟な考えに変えて，いろんな角度から物事をとらえられるようになったらいいと思わない？」
「そうなったら，悪い考えの堂々巡りから抜け出せると思うけど。そんなの無理よ」
「それができるのよ。無理せず少しずつ練習して，考え方を柔らかくすることが！ それに，嫌な気分を軽くすることも！」
「どうやって？」
「それが，この本に書いてあるの」
「ダメダメ。私，本読むの苦手だから」
「大丈夫。この本，とってもわかりやすく書かれているから。それに，イラストが多くてすごく読みやすいの」
「で，この本だけど，読み終えたらどうなるの?!」
「それはね……」

さて，この続きはあなたがご自分で体験してみてください。

はじめに

　生きていて，マイナス思考やうしろ向きな考えで苦しんだ経験のない人には，残念ながらこの本はお役に立ちません。生きていて，落ち込んだり不安になったりしたことのない人，劣等感やみじめさ，怒りや切なさなどのつらい気持ちを味わったことのない人にも，残念ながらこの本はお役に立ちません。

　ですが，この本を手にとってくださったあなたは，マイナス思考に陥ってしまう自分をなんとかしたいと思っている人ではありませんか？　もっともっと，自分のことを好きになり，自信がもてるようになりたいと思っている人ではありませんか？　つらい気持ちを少しでも軽くしたいと願っている人ではありませんか？　だとすれば，この本はそんなあなたの強い味方になってくれるのではないかと思います。なぜなら，そうした人々に役立つために，この本は誕生したからです。

　近頃，体の健康を保つために，多くの人が体力づくりのトレーニングを行っています。体の健康を保つためにトレーニングをするのであれば，心の健康を保つためのトレーニングもあっていいはずです。ですが，体の健康を保つためのトレーニングは思いついても，心の健康を保つために何をトレーニングすればよいか，イメージが浮かばない人は多いのではないでしょうか。この本で伝えたいことは，そんな心の健康を保つためのトレーニングについてです。

　心の健康を保つためのトレーニングなんて聞くと，"心を強くするためのトレーニング"を想像する人もいるかもしれません。心の弱さをなくすためのトレーニングのようなものを期待された人も，いるのではないでしょうか。だとすれば，この本は少し期待外れになってしまいます。なぜなら，この本で紹介するトレーニングは，弱さを克服するためのものではなく，弱さとうまくつきあうためのトレーニングだからです。

　私たちは，生きているかぎり健康を損ねることもあります。体の健康を損ねることもあれば，心の健康を損ねてしまうこともあります。これから紹介するトレーニングは，心の健康を損ねた人が，再び心の健康を回復するためのトレーニングでもあります。

　心の健康を保つだけではなく，心の健康を回復することまで助けてくれるトレーニング。それが，認知療法です。認知療法は，心の健康を回復するために，主に医療機関や相談機関などで行われるカウンセリングのスタイルです。この本では，そうした専門機関で行われる認知療法を，あなたが自分で無理なく取り組めるように仕立て上げてみました。

　生きていると，良いこともあれば良くないことも起こります。どんなことが起こっても，絶対に負けない硬い心を作りあげることが，この本の目的ではありません。物事に対してい

ろんなとらえ方ができるように、どんなことが起こってもあなたなりに向き合えるように柔らかい心を育むことが、この本の目的です。

ただし、認知療法を身につけるトレーニングであるからには、この本に書いてあることをあなたに取り組んでもらわないといけません。そこで、トレーニングが三日坊主に終わってしまわないように、この本ではいろいろと工夫をしています。まず、認知療法を始めるまえにウォーミング・アップとして知っていただきたいことをお伝えします。そのあと、実際に認知療法のトレーニングを開始します。

ここまで読んで、「認知療法のトレーニングなんて、私にうまくできるだろうか」と思われたら、それはとても自然な反応です。「高跳び棒を1本渡すので、それを使って2階建ての高さの壁を跳び越えてください」と言われて「やってみよう！」と思える人はいないと思います。ですが、「階段を設けているので、それを1段1段上って2階建ての高さの壁を越えてください」と言われると、「それならやれる！」と思えて自分のペースで階段を上り始めるでしょう。

これまで経験したことがないと、認知療法は高い壁に思えるかもしれません。だからこそ、この本では、認知療法を無理なく身につけられるように、そこに至るまでの道のりを小さなステップにわけて上りやすくしています。この本に書いていることを、あなたのペースでよいので少しずつ実践しながらステップを上ってください。そうすれば、あなたがこの本を手にとったときに望んだものを、いずれあなた自身の力によって獲得することができるでしょう。

臨床家の方へ

このセルフヘルプ本を、臨床に応用するための臨床家向け副読本があります。副読本『「マイナス思考と上手につきあう 認知療法トレーニング・ブック」セラピスト・マニュアル』を併せてお読みいただくことで、認知療法を進めていくうえで基本となる動きを身につけることができます。本書を読まれた臨床家の方で、このセルフヘルプ本を臨床に応用したい方、認知療法を日頃の臨床現場で実践したい方は、ぜひ手に取ってみてください。

もくじ

プロローグ──ちょっと盗み聞きを……　3
はじめに　4

1 One
はじめよう！ 認知療法ウォーミング・アップ

スタートアップ
この本を存分に味わうために……………………………… 11
- ❖ 悪く考えてしまうクセをなんとかしたいあなたへ………11
- ❖ 気分のありようは考え方しだい………12
- ❖ 人によって考え方が異なるカラクリ………13
- ❖ 自動思考と信念の違い………14
- ❖ プラス思考は人を幸せにするか………15
- ❖ 私たちの心に苦悩が生まれるわけ………16
- ☆ やってみよう………18
- ❖ 自分で考え方の幅を広げられるようになることが目標………19
- ☆ やってみよう………20
- ❖ 一歩一歩あなたのペースで………21

2 Two
やってみよう！ 認知療法トレーニング

ステップ1
自動思考をつかまえよう………………………………… 25
- ❖ 嫌な気分の悪循環を断ち切るために………25
- ❖ 自動思考をつかまえよう………26
- ❖ 身近なケースでみてみよう………29

もくじ

- ❖ 練習してみよう………35

コラム：ストレス社会を乗り切る4つの裏ワザ（1）
ぐっすり眠る技……………………………………………………37

ステップ2
ユガミンをみつけよう……………………………………………39
- ❖ 極端な自動思考が生み出されるカラクリ………39
- ❖ 8匹のユガミンたち………40
- ❖ 自分と仲良しのユガミンを知ろう………42
- ❖ 身近なケースでみてみよう………43
- ❖ 練習してみよう………50
- ❖ あなたと仲良しのユガミンは誰？………52

コラム：ストレス社会を乗り切る4つの裏ワザ（2）
やる気を出す技……………………………………………………53

ステップ3
考えの幅を広げてみよう…………………………………………56
- ❖ 自動思考をさまざまな角度からとらえなおす………56
- ❖ バランスの良い新たな考えを作り出す………62
- ❖ 気分の変化をチェックする………62
- ❖ 身近なケースでみてみよう………64
- ❖ 何度も練習して自分の技にしよう………72
- ❖ 練習してみよう………73

コラム：ストレス社会を乗り切る4つの裏ワザ（3）
角を立てずに言いたいことを言う技……………………………76

ステップ4
行動で試してみよう………………………………………………79
- ❖ 新たな考えをみつけてみたけれど…………79
- ❖ 行動実験ってなに？………79

- ❖行動実験のすすめ方………80
- ❖身近なケースでみてみよう………89
- ❖練習してみよう………99

コラム：ストレス社会を乗り切る4つの裏ワザ（4）
不安や緊張を和らげる技………………………………………… 101

ステップ5
信念に挑戦しよう………………………………………………… 104
- ❖残された課題………104
- ❖信念ってなんだろう？………104
- ❖信念の成長とユガミンの誕生………105
- ❖心の中で信念が当たり前になってしまうわけ………106
- ❖信念のみつけ方………107
- ❖信念に挑戦しよう………111
- ❖身近なケースでみてみよう………118

クールダウン
これでおしまい，だけどすべての始まり……………………… 121

エピローグ──とあるバーでの会話　123

付録1　みつめなおし日記　巻末
付録2　行動実験ワークシート　巻末
著者略歴　巻末

1 One
はじめよう！　認知療法ウォーミング・アップ

magnification
&
minimization

スタートアップ
この本を存分に味わうために

❖悪く考えてしまうクセをなんとかしたいあなたへ

　くよくよ考えたり，あれこれ思い悩んだり……。
　物事をつい悪く考えすぎてしまうことって，生きていれば誰にでもあることです。
　ですが，この本を手にとってくださったあなたは，もしかすると普段から悪く考えすぎてしまうクセに悩まされていませんか？
　「もっとラクに考えることができれば」とか「もっと前向きに考えることができたら」と思ったことが何度もあったことでしょう。前向きに考えることが難しいと，「せめて悪い考えがグルグルと堂々巡りするのを止めることさえできれば」と謙虚な考えが浮かんだこともあったかもしれません。
　この本は，そんなあなたのために，力を注いでつくりました。
　悪く考えてしまうクセを自分でなんとかできるように，考え方を柔軟なものに変えられるように，あなたが求めたものを，しっかりと身につけていただくことが，この本の目的です。

　そのために，このなかでは"認知療法"を応用しています。
　認知療法とは，もともとはうつ病への治療法として開発された心理療法です。認知療法は，うつ病に対してお薬と同じくらいの効果があり，再発予防効果はお薬を超えるといわれています。認知（物事のとらえ方）に働きかけることで，人間のもつさまざまな問題の解決に役立てることができるので，うつ病以外の心の病の治療，ストレスとうまくつきあうための方法として，世界中で活躍している心理的なアプローチです。
　認知療法なんて耳慣れない言葉をみると，「難しそう……私にできるかな」って考えが浮かんで気持ちが沈んでしまいそうですが，大丈夫です。この本では，自分の考えのクセを見直し，現実にそった柔軟な考え方ができるような技を，少しずつ身につけられるように工夫しています。
　そのような技を身につけていただくまえに，まずはいくつか知ってほしいことをお伝えします。

❖気分のありようは考え方しだい

次のような場面を想像してください。
　あなたは友人に携帯電話からメールを送りました。ところが，しばらく経っても返事が返ってきません。

　　　　　そのとき，次のような考えが浮かびました。

「メールの内容が気に障(さわ)ったのかも」

　　　　　こう思うと，不安になります。
　　　　　メールのことが気になって，しばらく携帯電話をみつめたまま，他のことに集中できません。胸がドキドキしたり，お腹が痛くなったりするかもしれません。

または，次のような考えが浮かびました。

「返事をすぐに返してこないなんて，なんて失礼な奴だ」

　　　　　こう思うと，腹が立ちます。
　　　　　近くにいる人に愚痴ったり，相手に「なんで返事がないんだ」と怒りのメールを送信したりするかもしれません。身体は，火照(ほて)ってきたり，グッと力が入ったりしているでしょう。

　　　　　あるいは，次のような考えが浮かびました。

「手が離せない用事があって，忙しいのだろう」

　　　　　こう思うと，気分の変化は特にないですね。
　　　　　メールのことは置いといて，他のことをしようとするはずです。身体の変化も特にはありません。

　　　　　同じ状況であっても，そのときにどんな考えが浮かぶかによって，その後の気分はまったく違ってきます。気分だけでなく，行動や身体反応も考えによってずいぶん違ったものになります。
　　　　　良い気分や嫌な気分など，私たちが感じるさまざまな気分は，そのと

きの状況がそうさせた，と多くの人は考えます。良いことがあれば良い気分になり，嫌なことがあれば嫌な気分になるというように。

しかし，本当のところは，そのときの状況が気分の原因になるというよりも，そのときの状況でどのような考えが浮かんだかが，その後の気分を左右するのです。"職場で次年度からの昇進を告げられた"という良い状況であっても，「自分に上役が務まるだろうか。うまくいかずに仕事が回らなくなるかも」と考えると憂うつな気分になります。

ここでは，"気分のありようは考え方に影響される"ということを覚えておいてください。

❖ 人によって考え方が異なるカラクリ

先ほどのメールの例をみてもわかるように，同じ状況であっても人によってとらえ方がずいぶん違っています。

まず，私たちの頭に浮かぶ考えには，そのときどきにふと浮かぶ考えやイメージがあります。この考えやイメージのことを"自動思考"といいます。私たちの頭の中に自動的に浮かんでくるものなので，このような名前がついています。自動思考は，たえず私たちの頭に浮かんでいます。たとえば，この本を読んでいる最中に「自動思考って，しょっちゅう浮かんでいるものなんだ」という自動思考が浮かんだり，「今晩のおかず，何にしようかなぁ」という自動思考が浮かんだり。

自動思考には，ポジティブなものやネガティブなもの，あるいはニュートラル（中立的）なものもあります。私たちの気分や行動は，この自動思考によって左右されます。ポジティブな自動思考が浮かぶとポジティブな気分に，ネガティブな自動思考が浮かぶとネガティブな気分になるというわけです。ちなみに，先ほどのメールの例で紹介した3つの考えも自動思考です。

一方，"信念"と呼ばれる考えもあります。これは，自動思考よりももっと心の奥深くにある考えのことであり，自分や世の中に対する，かなり一貫したとらえ方を示します。つまり，ちょっとのことでは変わらない考えといえます。

自分に対する信念	世の中に対する信念
私はそれなりにやっていける。	他人は私を尊重してくれる。
私はダメな人間だ。	他人は信用できない。
私は人から好かれる面をもっている。	世間は捨てたものではない。
私は誰からも愛されない人間だ。	世の中は恐ろしいところだ。
物事は完璧にしなければならない。	良い人もいれば悪い人もいる。
誰からも嫌われてはならない。	世の中は悪い人だらけだ。
人には弱みをみせてはならない。	他人は失敗を絶対に許してくれない。

信念は，自動思考を左右する大きな力をもっています。

たとえば，先ほどのメールの例で考えると次のようになります。

「メールの内容が気に障ったのかも」という自動思考が浮かんだ人は，自分に対して「私は誰からも嫌われてはならない」と，世の中に対して「他人は私のことを知れば知るほど，私のことが嫌いになる」という信念をもっていたかもしれません。

「返事をすぐに返してこないなんて，なんて失礼な奴だ」という自動思考が浮かんだ人は，自分に対して「私は誰からも尊重されるべきだ」と，世の中に対して「他人は，油断すると自分をバカにする」という信念をもっていたかもしれません。

「手が離せない用事があって，忙しいのだろう」という自動思考が浮かんだ人は，自分に対して，「私はそれなりにやっていける」と，世の中に対して「世間は捨てたものではない」という信念をもっていたかもしれません。

❖自動思考と信念の違い

悪く考えてしまうクセをなんとかするには，この自動思考と信念に働きかけることが役に立ちます。ですので，もう少し詳しく，この2つの考えについてみていきましょう。

自動思考は，そのときそのときの状況に限った内容を表しています。先ほどのメールの例だと，3つの考えはメールの返信が来ないという状況にあてはまりますが，そのほかの状況にはあてはまりません。メールと関係なく食事をしようとするときに，「メールの内容が気に障ったかも」とは考えませんね。

一方，信念はどのような状況にもあてはまります。たとえば，注文したラーメンがなかなか来ない状況を想像してください。「私は誰からも嫌われてはならない」という信念をもっていると，「まだかどうか尋ねたいけど，『うるさい客だな』って思われたら嫌だし」という自動思考が浮かんで，店員に「まだですか？」と言いにくいでしょう。「私は誰からも尊重されるべきだ」という信念をもっていると，「まだ来ないなんて，バカにしている！」という自動思考が浮かんで，店員に「いつまで待たせるんだ！」と怒鳴るかもしれません。このように，信念はどのような状況にもあてはまるからこそ，そのときそのときの自動思考を生み出すもととなっているのです。

自動思考と信念は，とらえやすさにおいてもかなり異なります。

自動思考は意識に上りやすい考えなので，比較的簡単につかまえることができます。もちろん，私たちは自動思考を意識しながら生活しているわけではないので，普段は自動思考に気づいていないことの方が多いかもしれません。ですが，なにかはっきりした気分を味わったときに，「いま，どんなことが頭に浮かんだの？」と自分に尋ねてみると，ある程度自動思考をつかまえることができます。自動思考は，意識してとらえるように練習すれば，簡単

につかまえられるようになります。

　それに対して，信念はとらえるのが難しい考えです。これには2つのわけがあります。信念は自動思考と比べて心の奥深くにあるものなので，意識に上りにくいという性質があります。そのため，自動思考よりもつかまえにくいのです。また，信念は長く慣れ親しんできた考えであるため，私たちは自分の信念に違和感を覚えません。普段，あなたは呼吸しているときに，「私は今，息をしている」とは考えませんね。当たり前だからです。それと同じように，信念は当然のものとして私たちの心の中に存在しているので，自動思考と比べて意識するのが容易ではないのです。

　さて，自動思考と信念について，だいたいの感じがおわかりいただけたでしょうか。
　悪く考えるクセをなんとかするために，嫌な気分を軽くするために，日常的にたえず私たちの頭に浮かんでいて，嫌な気分のもととなる自動思考を変える技を身につける必要があります。欲をいえば，信念をなんとかするところまで，この本のなかで踏み込んでみたいと思います。
　ところで，考えを変えるといっても，どのように変えればよいのでしょうか。マイナス思考をプラス思考に変えると，私たちの苦しみは軽くなるのでしょうか？　また，それは可能でしょうか？

❖プラス思考は人を幸せにするか

　くよくよ考えてしまったり，悪いことになるのではと取り越し苦労をしてしまったりすることを，マイナス思考とかネガティブな考えといったりします。このような考えで悩んだ経験があると，「もっと前向きに考えることができたら，どんなにラクに生きられるだろう」と思いますよね。
　また，マイナス思考で苦しんでいる人に，「そんな風に考えずに，もっと良い風に考えてみたら」とアドバイスしたり，逆にそうやってアドバイスを受けたりすることもよくある話です。
　つまり，マイナス思考やネガティブな考えをやめて，プラス思考やポジティブな考えをしようというわけです。

　さて，次の考えをみつめてみてください。

「私はいつも失敗続きの最低の人間だ」

　恐ろしいほどにマイナス思考ですね。こう考えると，ドンヨリと憂うつな気分になります。このマイナス思考をプラス思考に変えると，次のようになります。

1 はじめよう！ 認知療法ウォーミング・アップ

「私は何でもできる最高の人間だ」

　どうです？　眩(まぶ)しいほどにプラス思考じゃないですか。では，あなたが先ほどのマイナス思考で悩んでいたとして，このような考えを捻り出せると，憂うつな気分は晴れるでしょうか。

　おそらく，気分はまったく晴れないでしょう。なぜなら，こんなプラス思考を心から「そのとおり！」と信じることができないからです。

　「私はいつも失敗続きの最低の人間だ」というマイナス思考は，とても極端です。些細な成功もあれば，失敗や成功に振り分けられない体験もあるからです。

　反対に，「私は何でもできる最高の人間だ」というプラス思考も，とても極端です。できないこともあれば，失敗することもあるからです。当然ながら，できるできないでとらえきれない体験もあります。

　プラス思考やポジティブな考えがもてはやされますが，多くの場合それらは現実とかけ離れた"絵に描いた餅"であり，そんな考えをがんばってみつけたところで，あまり役には立たないでしょうし，あなたを幸せにしてくれません。

　この本であなたに身につけてもらいたい技は，マイナス思考をやめてプラス思考をみつけだす方法……ではないのです。

❖私たちの心に苦悩が生まれるわけ

「私はダメ人間だ」
「世の中は不公平だ」
「夫はうそつきだ」
「職場はストレスだ」
「認知療法って難しそう」
「周囲の人は私を変な人だと思うに違いない」
「結婚しないと幸せになれない」
「みんな大変なのに援助を求めたら，自分勝手な人だと思われるんじゃないか」
「あの人は私のことが嫌いになったんだ」
「この仕事はうまくいくはずがない」
「私が怒らせるようなことをしたのかも」
「お先真っ暗だ」

　これらの考えは，どれもネガティブな考えです。ネガティブであるという以外に，大きな共通点があることがわかりますか。

いずれの考えも,「Aというあること」に「Bというネガティブな情報」を結びつけて，Bを通してAをみている点です．それぞれの考えに，AとBを割り振ってみるとよくわかると思います．

「私（A）はダメ人間（B）だ」
「世の中（A）は不公平（B）だ」
「夫（A）はうそつき（B）だ」
「職場（A）はストレス（B）だ」
「認知療法（A）って難しそう（B）」
「周囲の人（A）は私を変な人だと思うに違いない（B）」
「結婚しない（A）と幸せになれない（B）」
「みんな大変なのに援助を求めたら（A），自分勝手な人だと思われる（B）んじゃないか」
「あの人（A）は私のことが嫌いになった（B）んだ」
「この仕事（A）はうまくいくはずがない（B）」
「私（A）が怒らせるようなことをした（B）のかも」
「お先（A）真っ暗（B）だ」

　私を「ダメ人間」という考えを通してみるとみじめになります．
　夫を「うそつき」という考えを通してみると腹が立ちます．
　周囲の人を「私を変な人だと思っている」という考えを通してみると恥ずかしくなります．
　お先（将来）を「真っ暗」という考えを通してみると絶望的になります．

1 はじめよう！　認知療法ウォーミング・アップ

☆やってみよう

最近，あなたの頭に浮かんだ嫌な考えを思い出して，書き出してみてください。

その考えをよくみると，あるもの（A）に別のもの（B）がくっついているはずです。
AとBをみつけて，書き出してみてください。

(B)＿＿＿＿＿＿＿＿＿＿＿＿を通して (A)＿＿＿＿＿＿＿＿＿＿＿＿をみている

(B)＿＿＿＿＿＿＿＿＿＿＿＿を通して (A)＿＿＿＿＿＿＿＿＿＿＿＿をみている

(B)＿＿＿＿＿＿＿＿＿＿＿＿を通して (A)＿＿＿＿＿＿＿＿＿＿＿＿をみている

私たちの心に苦しみが生まれる大きな理由が，ここにあります。あるものに別のものをくっつけてしまい，くっつけたものを通してあるものをみようとするところに，人間の苦悩が生じるのです。あるものと別のものを"一対一"で結びつけてしまう考え方といってもいいかもしれません。

　もちろん，このような考え方がすべて悪いというわけではありません。あるものとあるものを結びつけて理解しようとすることは，言葉をもっている私たちにとって貴重な知的働きでもあります。問題なのは，自分や世の中など，本来いろんな見方ができるはずの何かに，ネガティブな情報だけをくっつけて理解しようとすることなのです。「私の人生はみじめだ」というように，あるものに別のネガティブな情報を結びつけて，その考えを信じ込んでしまうところに，私たちの苦しみが生まれるわけです。

❖自分で考え方の幅を広げられるようになることが目標

　マイナス思考もプラス思考も極端な考えだと，先ほど述べました。その最大の理由は，いろんな見方やとらえ方ができるはずなのに，あるものとあるものを"一対一"で結びつけてしまっている点にあります。

　この本が目標としていることは，この"一対一"で結びつけた関係を崩すことです。別の言い方をすると，自分で考え方の幅を広げられるようになることです。

　さて，この段階で，"ワクワク"した気分になる人と，"憂うつ"な気分になる人がいるかもしれません。

　ワクワクした人は，「おもしろそう，やってみよう」という考えが浮かんだことでしょう。反対に，憂うつな気分になった人は「そんな難しそうなこと，できっこないよ」という考えが浮かんだかもしれません。気分が考えの影響を受けているのがよくわかりますね。

☆やってみよう

　考え方の幅を広げるということを，これから試してみましょう。

　ペットボトルを思い浮かべてください。これは，本来は中に飲み物をいれて，飲むための用途に使う道具ですね。「ペットボトル（A）は，飲むための道具（B）である」というわけです。

　では，ペットボトルを「飲み物を飲む」以外で使うとすると，どのような用途が考えられますか？　思いつく限り書き出してみてください。

いくつか書き出せましたか。

では，私の思いついた用途を書き出してみます。あなたの答えと一緒のものや違うものがあるかもしれません。

　　砂を入れて，ダンベル代わりに用いる。半分に切って，プランターとして使う。背中の痒(かゆ)いところをかく。水を入れて湯船に浮かべ，湯量の節約に用いる。ボーリングのピンにして遊ぶ。水を入れて，肩たたきとして使う。野球のバット代わりに用いて遊ぶ。飲み口を切り取って，ペン立てとして使う。ビーズなどを入れて楽器にする。ジョウロ代わりに，飲み口から植物に水をやる。

さて，「飲み物を飲む」以外で挙がったこれらの用途は，どれもプラス思考ですか？　そうではないですね。考え方の幅を広げるとは，こういうことをいいます。

世の中には，ひとつの視点だけでとらえられるものはありません。「そんなことはない。たとえば，『木でできた机』とかは，"この机は木でできている"というように一対一で結びつけられるじゃないか」などと反論が聞こえてきそうです。

ですが，「この机は茶色である」，「この机は光沢が渋い」，「この机は古い」，「この机は食事で使うのにちょうどよい」，「この机はよく子どもが頭をぶつけていた思い出の机だ」などなど……。いろんな角度から，机をとらえることができます。

机のように単純な物でさえ，ひとつの見方だけでとらえられないのであれば，私たち人間が経験する複雑な経験をひとつの視点だけでとらえるなんて不可能です。

気持ちが沈んだとき，人間関係に悩んだとき，人生に足踏みしたとき，私たちの考えは狭くなったり偏ってしまったりしがちです。そんなとき，いろんな角度からもう一度とらえなおし，柔軟に物事を考えることができたら，きっとまた，あなたのペースで前に進んでいけます。

この本でお手伝いしたいことは，あなたが自分で考え方の幅を広げられるようにする技を身につけられるようにすることです。

❖一歩一歩あなたのペースで

さて，そろそろあなたには，考え方の幅を広げる技を身につけるワークにとりかかっていただきます。

最後にひとつだけ。

これまで大きな目標をかかげて，それを達成しようと努力したけどうまくいかなかった経験は，誰にでもあると思います。ましてや，"認知療法"という新しい技を身につけようとすれば，なおさら「難しかったらどうしよう。私にできるかな」と考えてしまうかもしれません。

1 はじめよう！　認知療法ウォーミング・アップ

　そこで，この本のなかでは，あなたが自分で考え方の幅を広げることができるように，認知療法を小さなステップにわけて，少しずつ身につけていけるように工夫しています。大きな目標を一気に解決しようとするのは，高すぎるハードルを飛び越えようとすることと同じです。誰がやっても，うまくいきっこありません。ですが，大きな目標であっても，それを飛び越えやすいように小さなステップにわけると，無理なく飛び越えることができますし，その積み重ねによっていずれ最終地点にたどり着きます。

　ですから，もし今あなたの頭に「難しかったらどうしよう。私にできるかな」などの自動思考が浮かんでいたとしたら，「一度には難しくても，少しずつなら大丈夫かも」くらいに思って始めてください。

　決してがんばりすぎる必要はありません。「ちょっとずつ身につけていこう」くらいの軽い気持ちで進めていきましょう。

　ただし，あなたのペースでかまいませんので，練習を重ねるようにしてください。どんな技もそうですが，練習を重ねていくことで自分のものになっていきます。

　ワークを重ねることによって，あなたのもっている力——物事をさまざまな角度から味わえる力——を取り戻せるよう，これから一緒にお手伝いします。

2 TWO
やってみよう！　認知療法トレーニング

いつも
〇×になる

ステップ1
自動思考をつかまえよう

❖ 嫌な気分の悪循環を断ち切るために

　これから，考え方の幅を広げる練習を，あなたのペースで，ゆったりと進めていきましょう。
　ところで，みなさんは，嫌な気分になったとき，普段だったら気にも留めないことにも敏感になって，より嫌な気分を感じやすくなってしまうという経験をしたことがありませんか。例えば，落ち込んで憂うつな気分でいるとき，些細な失敗やちょっと嫌なことがあったりすると，憂うつな気分がますます強くなってしまいます。イライラしているときには，他人の些細な態度にも気になってしまい，もっとイライラしてしまったりすることがあるでしょう。
　私たちが嫌な気分を感じているとき，いつのまにか嫌な気分の悪循環に巻き込まれてしまうとき，そこには"自動思考"が潜んでいます。

　前章では，"気分のありようは考え方に影響される"ということを，メールの例を挙げて説明しました。同じ状況であっても，人によってその場面で感じる気分が異なるのは，頭の中に自然と浮かんでくる"考え"の影響を強く受けているためです。このように，ある状況で自然に浮かんでくる考えのことを，"自動思考"といいましたね。
　しばしば，この自動思考は，理屈に合わないものであったり，ずいぶん偏った考えであったりします。なぜなら，さまざまな可能性を幅広く検討して，じっくりと考え出したものではないからです。
　自動思考は，あまりにも自然に私たちの頭の中に浮かんでくるので，それを意識する間もなく当然のことのように受け入れてしまっています。そのため，ある出来事で嫌な気分にな

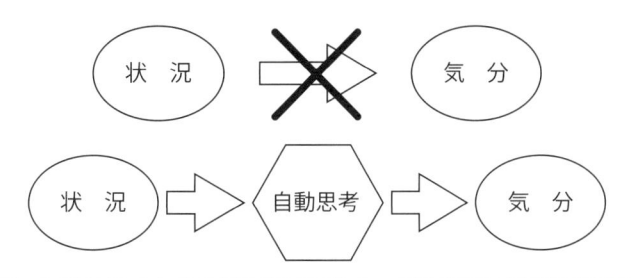

図　気分はそのときの状況だけでなく，自動思考の影響を受ける

ると，その間に浮かんだ自動思考に気づかず，「そのときの状況が，嫌な気分をもたらした」と考えてしまいます。

ところが，実際はそのときの状況だけが気分に影響を与えるのではなく，その状況で浮かんでくる自動思考も気分をコントロールしています。そしてこの自動思考は，他の誰でもなく自分で考え出したものなのです。

前章のメールの例で考えてみましょう。

"友人にメールを送ったが，返事が返ってこない"という状況で，不安になったり胸がドキドキしたりする人がいます。このとき，「メールの内容が気に障ったのかも」という自動思考が浮かんでいたりするわけですが，その考えを当然のように受け入れてしまっているため，返事が返ってこないという状況と不安の強さが目立ってしまいます。返事が返ってこないという状況に注目しすぎると，「私のことを『あいつは嫌な奴だ』と周りに言いふらされたらどうしよう」とか「このまま友達を失ったらどうしよう」などと新たな自動思考が浮かび，ますます不安が強まります。こうして，嫌な気分の悪循環が生まれるのです。

ある状況でネガティブな自動思考が頭の中に浮かぶと，それに伴ってつらい気分を味わいます。つらい気分になると，自分が気になることにばかり目が向くようになり，ますます悲観的な考えに陥り，その結果つらい気分が強まるというわけです。

この悪循環を断ち切るために，自分でできることがあります。それが，この本で伝えたいこと，つまり，自動思考を鵜呑みにせず，物事を現実にそって柔軟に考えてみるということです。自動思考は自然と浮かぶためつかまえにくいように思いますが，嫌な気分を感じたときにじっくりと頭の中をのぞいてみると，自動思考に気づくことができるようになります。頭に浮かんだ自動思考に気づくことが，嫌な気分の悪循環を断ち切るための第一歩となるのです。

このように気分と考えの関係をみてみると，知らず知らずのうちに自分でつくりだした悪循環にはまりこんでしまっていることに気づかれた人もいるかもしれません。嫌な気分が自分のなかから生まれてくる考えによってコントロールされていることがわかると，「自分で生み出した考えなんだから，少しは自分でなんとかできるかも」と思えてきませんか？

ほんの少しでもそう思えた人，そしてまだよくわからないという人も，まずはこの"自動思考"をつかまえるところから，練習を始めてみましょう。実際にやってみることで，あなたを嫌な気分にした正体が少しずつみえてくるでしょう。

❖自動思考をつかまえよう

嫌な気分から抜け出すためには，まず嫌な気分に影響を与える自動思考をつかまえるところから始めます。そして，その自動思考をいろんな視点からみつめなおすことで，自動思考とは異なる現実的で柔軟な考えがみつかり，嫌な気分を軽くすることができます。

この本では，嫌な気分を引き起こした自動思考をつかまえ，それをさまざまな角度からみつめなおし，バランスのとれた考えを導き出すためのツールとして，【みつめなおし日記】（付録１）を活用します。みつめなおし日記では，"１．嫌な気分をもたらした自動思考をつかまえる"，"２．自動思考に影響を与える考え方のクセをみつける"，"３．考え方の幅を広げる"という３つのステップを踏んでいくことになります。このステップを上手に踏めるようになると，あなたは自分の力でつらい気分から抜け出せる方法を身につけることができるでしょう。

　「紙に書くなんて，めんどくさい」と思う人がいるかもしれません。しかし，みつめなおし日記を使った人の多くは，「紙に書き出すことで，自分の体験を客観的にとらえることができるようになった」と仰います。紙に書き出すことで，私たちは自分の苦しみを距離をおいて眺めることができます。それだけで，気持ちが整理できて少し楽になる人もいます。紙に書き出すことで，あなたに取り組んでもらいたい"考えの幅を広げるワーク"が，よりしやすくなるのです。

　みつめなおし日記は，遠見書房のホームページ（巻末参照）からも自由にダウンロードすることができます。何枚も書いて，"考えの幅を広げる技"をあなたのものにしてくださいね。

　それでは，最初のステップである"自動思考をつかまえる"ところから始めてみましょう。

①嫌な気分になった状況を特定する

　まず，あなたがつらいと感じたときの状況を，みつめなおし日記の"１．嫌な気分になったのは……"に，書き出してみてください。状況はなるべく具体的に書くように，次の点にそって書いてみましょう。

　それはいつのことですか？
　それはどこで起こりましたか？
　それは誰といたときでしたか？
　それは何をしていたときでしたか？

　具体的な状況を書き出したことによって，そのときの様子がありありと浮かんできます。そうして嫌な気分になったときの状況を具体的に思い浮かべることで，そのとき浮かんだ自動思考がつかまえやすくなります。

②そのときの気分を評価する

　次に，その状況で感じた気分を，みつめなおし日記の"３．どんな気分？　それは100点満点中何点ぐらい？"に書き出します。

　ここで気をつけていただきたいのは，気分とはひとことで表現できるものだということです。例えば，「憂うつ」，「怒り」，「不安」，「恥ずかしい」，「悲しい」，「怖い」，「悔しい」といっ

たように表現します。
　ここで,「もうだめだ」とか「どうして私がこんな目にあうの」などと書く人がいますが,これらは気分ではなく,考え（自動思考）です。「もうだめだ」と考えると,"憂うつ"な気分になります。「どうして私がこんな目にあうの」と考えると"怒り"が湧いてきます。

　気分を書き出したら,その気分がどの程度の強さであるか点数をつけます。全くその気分を感じない状態を0点とし,最も強くその気分を感じている状態を100点として,点数を書き出してください。ここでのポイントは,正確に点数を書こうと躍起にならないことです。「だいたいこのくらいの点数かな」と思うレベルで書いてみましょう。

③自動思考をつかまえる

　気分が書き出せたら,次のステップの自動思考をつかまえる作業にはいります。みつめなおし日記の"2．そのとき浮かんだ考えは"に,1の状況で頭の中に浮かんできた考えやイメージを書き出しましょう。嫌な気分になった状況を思い出し,「そのとき,頭の中にどんなことが浮かんだのだろう？」と自分に尋ねてください。

　気分と自動思考を混同してしまうことがあります。気分がひとことで表現できたのに対し,自動思考は文章で表されます。そして,その文章は「〜かもしれない」,「〜なんじゃないか」のような曖昧さや憶測で表現するよりも,「〜だろう」,「〜である」のように,なるべく言い切りの形で表現すると問題がはっきりと見えてきます。
　また,自動思考はできるだけあなたの頭に浮かんだ通りに,拾い上げてみてください。たとえば,「私はなぜこのように失敗ばかりするのだろうと考えました」と,頭の中で上品に考える人はいません。この場合,「俺はなんでこんなに失敗ばかりするんだろう」のような形で頭の中に浮かんでいることでしょう。自分の言葉で浮かんだ通りの自動思考を書き出してみることでそのときの気分が鮮明になり,あとで自動思考をいろんな角度からとらえやすくなります。

　自動思考は一つだけみつかることもあれば,たくさん浮かんでいる場合もあるでしょう。自動思考がたくさんあると,すべての自動思考をみつめなおそうとすると時間がかかって大変です。そこで,自分を最もつらくさせている考えを一つ選び,○をつけてください。
　自動思考は,自分や他人が絡んでくることが,圧倒的に多いようです。そこで,自動思考がうまくつかめないときには,以下の項目にそって考えてみてください。

> 自動思考がうまくみつけられないときには……
> □この状況で，自分についてどう思ったので嫌な気分になったのか。
> □この状況で，相手についてどう思って嫌な気分になったのか。
> □相手が自分のことをどう思っていると考えて嫌な気分になったのか。
> □この先，どういうことが起こりそうで嫌な気分になったのか。

ここまでのみつめなおし日記の書き方は理解できましたか？

初めて取り組む際には，うまくいかないこともあるでしょう。よりわかりやすく取り組んでもらうために，次からはいくつか身近な例を挙げてみつめなおし日記の書き方を説明していきます。これらの例は，この本の最後の章まで登場するので，考えの幅を広げていく様子を具体的に理解できると思います。

❖身近なケースでみてみよう

①会社員の山内さんの場合

山内さんは，仕事熱心で生真面目，完璧主義なところがある会社員です。

新年度の部署異動で，新しい職場に移りました。新しい職場では，休憩をほとんどとらず仕事に打ち込み，夜も遅くまで残業しています。

しっかり仕事をこなしているにもかかわらず，少しでも仕事がはかどらなかったりミスがあったりすると，「自分は全然仕事ができていない」と考え落ち込んでしまう一方，さらにがんばろうとしてしまいます。

また，上司や同僚から自分の仕事ぶりがどのように評価されているか気になり，「その程度のことも満足にこなせないのか」とか，「仕事のできないダメな社員だ」と周囲からみられているように考えてしまいます。そして，少しでも手を抜いたら，仕事がますます回らなくなり，周囲はもっと自分のことをネガティブに評価すると考えて，がんばりすぎる手を休めずにいます。

そんな山内さんは，3日前に商品の発注ミスで得意先から注意を受けましたが，すぐに対処したため，事なきを得ました。しかし，その後も憂うつな気分を引きずっています。

山内さんは，このときの出来事をみつめなおし日記に書き出してみることにしました。

"1. 嫌な気分になったのは……"の各欄に，3日前に会社で得意先から商品の発注ミスをしたことで，注意を受けたことを書き出してみました。

山内さんが，その状況で感じた嫌な気分は，"憂うつ"と"みじめ"でした。それぞれが

2 やってみよう！ 認知療法トレーニング

みつめなおし日記

1. 嫌な気分になったのは…
   - いつ？　3日前
   - どこで？　会社で
   - 誰と？　得意先の人から
   - 何をしていたとき？　発注ミスをしたため、注意を受けた

2. そのとき浮かんだ考えは
   - 俺は少しも仕事ができない。
   - ○ 上司や同僚は、俺をダメな社員だと思っている。
   - どうして、俺はいつもミスばかりするんだろう。
   - こんなことでは、仕事をクビになるだろう。

2. であなたを一番つらくさせる考えを1つ選び○をつけてください。

3. どんな気分？ それは100点満点中何点ぐらい？
   - [憂うつ]　…　90 点
   - [みじめ]　…　85 点
   - [   ]　…　 点

山内さんのみつめなおし日記

どの程度の強さだったかを，そのときの状況を思い出しながら考えてみると，いずれも強いことがわかりました。そこで，"3．どんな気分？　それは100点満点中何点ぐらい？"に，"憂うつ（90点）"，"みじめ（85点）"と書き込みました。

最後に，自動思考をつかまえてみます。山内さんは，今回のミスによって，「俺は少しも仕事ができない」，「上司や同僚は，俺をダメな社員だと思っている」，「どうして俺はいつもミスばかりするんだろう」，「こんなことでは，仕事をクビになるだろう」という考えが浮かんでいました。そこで，この4つの自動思考を，"2．そのとき浮かんだ考えは"に書き込みました。

山内さんは，自分を一番つらくさせている考えは，「上司や同僚は，俺をダメな社員だと思っている」であると思ったので，これに○をつけました。

②大学生の鈴木さんの場合

もともと内向的な性格の鈴木さんは，特定のクラスメイトに自分から話しかけたいのですが，「話しかけると，相手から嫌な顔をされるかも」とか，「話しかけても，無視されたらどうしよう」と思って，話しかけられないでいます。グループのなかでも控え目に過ごし，自分から発言することはほとんどありません。

友達が普段と違う様子で元気がなかったり不機嫌そうだったりすると，「自分がなにか気に障ることをしたのかも」と考えて，不安になります。

鈴木さんは，今日の昼過ぎに同じクラスの伊藤さんにメールを送りました。ところが，いつまでたってもメールの返事が返ってこないため，不安な気持ちになりました。鈴木さんは，このときの出来事をみつめなおし日記に書き出してみることにしました。

まず，"1．嫌な気分になったのは……"に，今日の午後2時ごろに，家で伊藤さんにメールを送ったのに返事が返ってこなかったという状況を書き出しました。

その状況で，鈴木さんが感じていた嫌な気分は"不安"です。その不安は，90点程度の強さがあると，鈴木さんは感じました。そこで，"3．どんな気分？　それは100点満点中何点ぐらい？"に，"不安（90点）"と書き込みました。

最後に，この状況で浮かんだ自動思考についてです。鈴木さんは「私のメールが気に障ったにちがいない」，「伊藤さんは，私のことを嫌っているんだ」という考えが浮かび，クラスメイトのみんなから無視をされるイメージが頭に浮かんできました。そこで，この3つの自動思考を，"2．そのとき浮かんだ考えは"に書き込みました。

そのなかでも，「私のメールが気に障ったにちがいない」，「伊藤さんは私のことを嫌っているんだ」ということが，鈴木さんを最もつらくさせる考えであると判断しました。そこで，この2つの考えに，○をつけました。

2 やってみよう！　認知療法トレーニング

みつめなおし日記

1. 嫌な気分になったのは…
- いつ？　　　今日の午後2時ごろ
- どこで？　　家で
- 誰と？　　　一人で
- 何をしていたとき？　伊藤さんにメールをしたけれど、返事がすぐに返ってこなかった

2. そのとき浮かんだ考えは
- ○　私のメールが気に障ったにちがいない。
- ○　伊藤さんは、私のことを嫌っているんだ。みんなから無視をされるイメージ。

2.であなたを一番つらくさせる考えを1つ選び○をつけてください。

3. どんな気分？　それは100点満点中何点ぐらい？
- [　不安　]　…　90　点
- [　　　　]　…　　　点
- [　　　　]　…　　　点

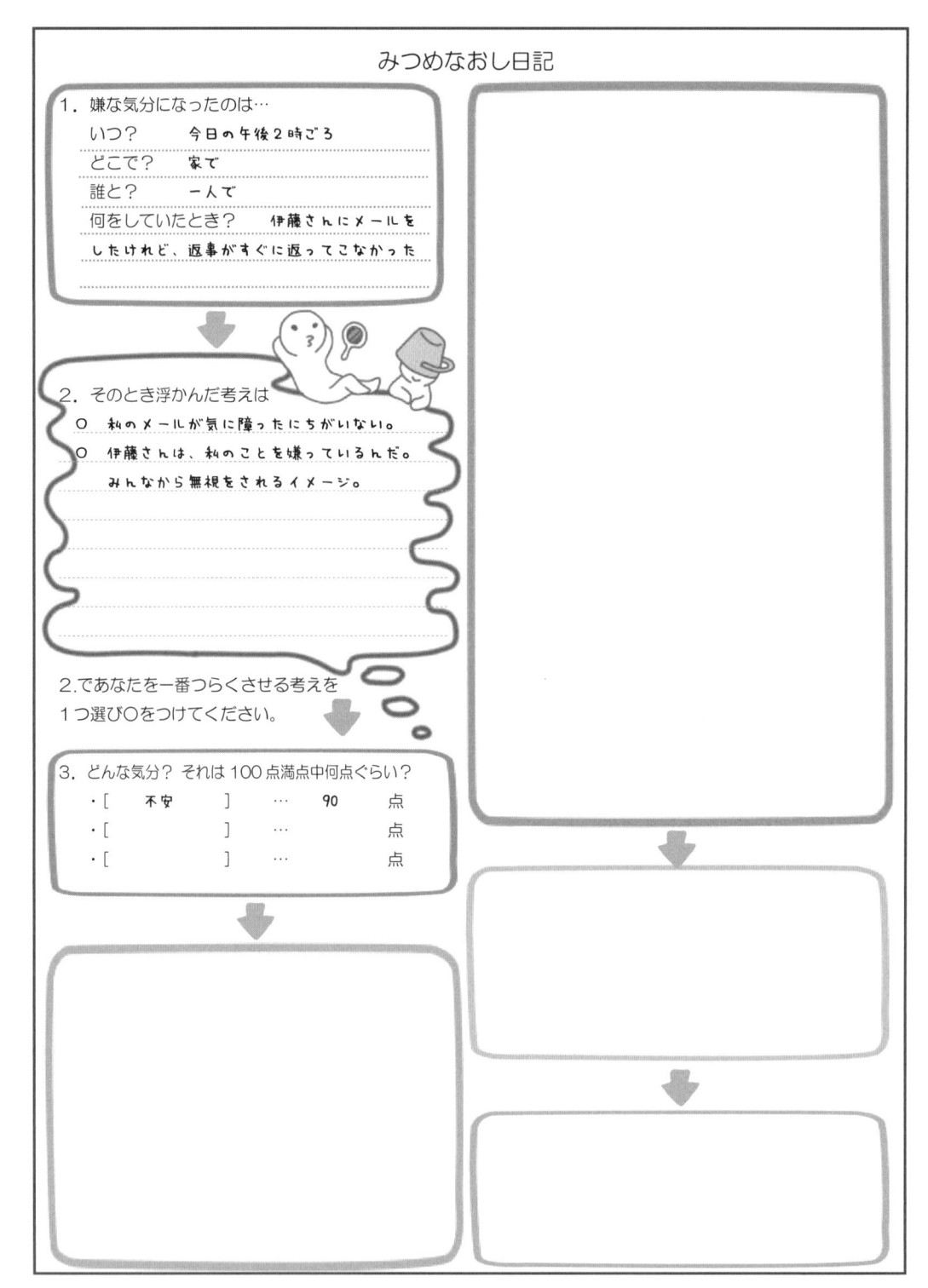

鈴木さんのみつめなおし日記

③主婦の田中さんの場合

　田中さんは夫と2人の娘と4人暮らしです。この春，長女は地元で有名な公立高校に進学しました。次女は，中学3年生で成績は平均程度です。しかし，高校受験に向けて勉強する様子もなく，最近では帰りが遅く門限も守らないときがあります。田中さんは，そんな次女の将来をとても心配しています。夫は帰宅が遅く休日出勤も多いため，きちんと相談にのってくれず，田中さんは「夫は娘の将来をちゃんと考えていない」と思っています。

　田中さんの次女は，2学期の中間テストで1科目だけ平均点を大きく下回る点数を取りました。田中さんは「こんなことでは，高校受験に失敗してしまう」と考え，もっと勉強をがんばるように伝えましたが次女は何食わぬ顔で外出し，夜遅くまで帰ってきませんでした。田中さんは次女の将来について考えると悲観的な気持ちになり，言うことをきかない娘をどうすることもできないことに不安を感じています。そこで，このときの出来事をみつめなおし日記に書き出してみることにしました。

　まず，"1．嫌な気分になったのは……"に，夕食後，家で次女と一緒に中間テストの結果を見ているときという状況を書き込みました。嫌な気分になったときの状況を具体的に書き出した方がよいことを思い出した田中さんは，そのあとに"私がテストや高校について注意すると，次女は外出してしまった"を書き加えました。

　この状況で田中さんが感じている嫌な気分は，"悲観"と"不安"です。そこで，"3．どんな気分？　それは100点満点中何点ぐらい？"に，"悲観（95点）""不安（85点）"と書き込みました。

　最後に，この状況で浮かんだ自動思考について考えてみました。田中さんは「このままでは，高校受験に失敗するにちがいない」という考えが浮かびました。さらに，言うことを聞かず出て行った娘をみて，「次女がまっとうな道から外れてしまう」，「私の力ではどうすることもできない」，「私の育て方が悪かったんだ」という考えが浮かんできました。そこで，この4つの自動思考を，"2．そのとき浮かんだ考えは"に書き込みました。

　この中で田中さんの気分に最も影響を与える考えは，「このままでは高校受験に失敗するにちがいない」と「次女がまっとうな道から外れてしまう」であることがわかりました。そこで，この2つの考えに，○をつけました。

みつめなおし日記

1. 嫌な気分になったのは…
   いつ？　夕食後
   どこで？　自宅で
   誰と？　次女と
   何をしていたとき？　中間テストの結果を見ていた。私がテストや高校について注意すると、次女は外出してしまった。

2. そのとき浮かんだ考えは
   ○ このままでは、高校受験に失敗するにちがいない。
   ○ 次女がまっとうな道から外れてしまう。
   　 私の力ではどうすることもできない。
   　 私の育て方が悪かったんだ。

2.であなたを一番つらくさせる考えを1つ選び○をつけてください。

3. どんな気分？　それは100点満点中何点ぐらい？
   ・[　悲観　]　…　95　点
   ・[　不安　]　…　85　点
   ・[　　　　]　…　　　点

田中さんのみつめなおし日記

❖練習してみよう

　いくつかの例を挙げて，みつめなおし日記の書き方を説明してみました。次は，あなたが自分の自動思考をつかまえる番です。36ページのみつめなおし日記に，最近あなたが嫌な気分になったときの状況，気分，自動思考を書き出してみましょう。遠見書房のホームページから，みつめなおし日記をダウンロードして練習してもかまいません。

　ポイントはできるだけ具体的な場面を思い浮かべることです。そうすることによって，そのときの気分や考えをつかまえやすくなります。

　慣れないうちは，「これで合っているかな」とか「うまくできないかも」などと考えて不安になることもあると思います。そのようなときには，ネガティブな自動思考が悪さをしているかもしれません。みつめなおし日記を書こうとして嫌な気分になったとき，ふとよぎった考えに焦点をあてて書いてみるのもよいでしょう。

　みつめなおし日記の1から3まで埋めてみると，それをじっくりとながめてみてください。その状況であなたが嫌な気分になったカラクリが納得いくと思います。

　このような練習を繰り返して自動思考をつかまえるコツがつかめてきたら，次のステップに進み，あなたの自動思考に影響を与える"考え方のクセ"をみつけていきましょう。

みつめなおし日記

1. 嫌な気分になったのは…
   いつ？
   どこで？
   誰と？
   何をしていたとき？

2. そのとき浮かんだ考えは

2. であなたを一番つらくさせる考えを1つ選び○をつけてください。

3. どんな気分？ それは100点満点中何点ぐらい？
   ・[　　　　]　…　　　　点
   ・[　　　　]　…　　　　点
   ・[　　　　]　…　　　　点

コラム：ストレス社会を乗り切る４つの裏ワザ

（1）ぐっすり眠る技

　柔軟な考えを保ち健康に暮らすには，睡眠も大切です。布団に入るとすぐ寝つくことができ，夜中に目が覚めることもなく，朝もすっきり目覚められるとよいですね。しかし実際は，5人に1人が，「なかなか寝つけない」，「夜中に何度も目が覚める」，「朝起きても熟睡感がない」などの不眠に苦しんでいるといわれています。不眠は，倦怠感，不安，イライラをもたらしたり，仕事の能率や集中力を下げたりします。それどころか，うつ病，高血圧，糖尿病，心臓病など，多くの心や体の病気を悪化させるといった悪影響も知られています。

　眠るために寝酒を飲む人がいます。お酒を飲むと，寝つきがよくなるので，不眠の改善に有効だと思われがちです。ところが，眠るまえにお酒を飲むと，寝ついたあとの眠りが浅くなり，途中何度も目が覚めたりするので，まったく逆効果です。

　そこで，うまく眠れなくて困っている方に，ぐっすり眠るためのコツをお伝えします。

①眠るまえの環境を整える

　眠るまえの3，4時間は，コーヒーや緑茶などカフェインを含んだ飲み物は避けます。これらの飲み物は，頭がさえる原因になり，利尿作用もあるので，トイレのために夜中に目が覚めてしまいます。眠るまえに気持ちを静めてリラックスすることも大切です。ぬるめのお風呂にゆったりとつかったり，アロマを楽しんだりと，自分なりのリラックスした空間を演出してみましょう。

②眠くなってから床に就く

　「眠らなければ」と意気込むほど眠気が遠のく経験は，誰にでもありますよね。普段の就床時刻にこだわらず，眠くなってから布団に入るようにしましょう。裏を返すと，「眠くならなければ布団に入らない」ということです。どんな人も，いつか必ず眠気が訪れます。

③しばらくしても眠れなければ布団から離れる

　横になって15分程度経っても眠れなければ，いったん布団から離れて別の場所で過ごし，眠気が訪れるのを待ちます。そうして眠くなったら布団に戻り，眠れなければまた同じことを繰り返します。ただし，布団から離れて眠気を待つ間は，ゲームなど頭がさえるような活動は控え，軽い読書や音楽などでゆったりと過ごすようにしてください。

④毎日同じ時刻に起きる

前夜になかなか寝つけなかったからといって，普段よりも遅くまで眠ってしまうと，その日の睡眠サイクルが先延ばしされてしまい，さらに寝つきが悪くなるという悪循環に陥ります。早く起きることで夜になると自然と眠くなるという"早起き自然寝"が快眠の秘訣です。

⑤寝るとき以外は横にならない

家にいるときの大半を，布団やベッドで横になって過ごす人がいます。眠りたいときにぐっすり眠れる人はいいのですが，不眠に苦しんでいる間はこのような過ごし方は控えた方が無難です。眠くなってから横になることを繰り返すと，布団に入って横になることが入眠のスイッチになるからです。

⑥昼寝をするなら午後3時までに30分程度

1時間以上の昼寝は，夜の眠りを浅くします。また，午後3時以降に昼寝をしてしまうと，夜になってもなかなか眠気が訪れません。昼寝をするなら，午後3時までの間に30分程度にしておきましょう。長い昼寝は不眠の原因になり健康を損ねますが，短い昼寝は集中力を高めたり健康増進につながったりするようです。

⑦軽い運動で汗をかく

日頃の運動は，ぐっすり眠るのを助けてくれます。また，軽い運動はストレスへの抵抗力を高めてくれます。ここでの"軽い運動"とは，有酸素運動のことです。ウォーキングや自転車，体操など，軽く汗ばむ程度の運動を楽しみましょう。

以上のコツをしばらく続けると，睡眠の質が高まり，ガンコな不眠も改善しやすいといわれています。それでも改善しない場合は，専門医に相談してみましょう。

ステップ2

ユガミンをみつけよう

❖極端な自動思考が生み出されるカラクリ

　気分は自動思考とよばれるその時々に浮かぶ考え方の影響を受けています。特に，嫌な気分になったときの自動思考は，極端だったり偏りがみられたりします。

　極端な自動思考が生み出されるのには，次のようなカラクリがあります。13ページでは，信念が自動思考に影響を与えることを述べました。信念とは，自分や世の中に対する一貫したとらえ方のことをいいました。

　この信念が，物事を端的に判断させようとする"考え方の鋳型(いがた)"のようなものを作り出します。信念によって生み出された考え方の鋳型のことを，"考え方のクセ"とよびます。考え方のクセには，さまざまな種類があります。私たちが体験した出来事は，それぞれのクセを表す鋳型によって，いろんな形の自動思考に瞬時のうちに加工されるのです。

　普段だと，これらの鋳型によって，私たちは余分なエネルギーを使わずに，物事を判断したり処理したりすることができます。ところが，強いストレスにさらされると，これらの鋳型が大きくて頑丈になり，それに伴って硬くて極端な自動思考が生み出されます。その結果，ネガティブな思い込みが強まり，嫌な気分が増してしまうのです。

　さて，この大きくて頑丈になった"考え方のクセ"のことを，この本では"ユガミン"とよんでいます。

　ユガミンは，全部で8匹います。私たちは，すべてのユガミンを心の中に飼っています。ですが，強いストレスにさらされたときに影響力をもつユガミンは，人それぞれ違います。

　これから，8匹のユガミンを紹介しましょう。あなたと特に仲良しのユガミンは，誰でしょうか？

❖ 8匹のユガミンたち

【シロクロン】
　物事を「白か黒か」で割り切り，完璧を求めさせることが得意なユガミンです。

シロクロンと仲良くなりすぎると……
　完璧でなければ納得できないため，自分の行いを振り返って少しでも満足できないと，「これは失敗だ」などと全否定し，自信を失ってしまいます。

シロクロンと仲良しのAさんは……
　テストはいつも100点でなければ納得できないため，返却された90点の答案をみて「これではダメだ」と落ち込んでしまいます。

【フィルタン】
　物事の悪い面ばかりが目につき，良い点やうまくいったことなど他のことを見えなくさせてしまうのが得意なユガミンです。

フィルタンと仲良くなりすぎると……
　悲観的なフィルターを通して自分や世の中を見てしまうと，何事も悲観的に見えてしまうため気分も当然暗くなります。

フィルタンと仲良しのBさんは……
　苦手な人から受けた好意が目に入らず，たまに素っ気ない態度だと，「やっぱり嫌われているんだ」と考えてしまいます。

【ラベラー】
　物事や人に「○○である」と否定的なラベルを貼り，一度貼ったらはがさないユガミンです。

ラベラーと仲良くなりすぎると……
　あらゆるものに否定的なラベルを貼り，そのラベルから浮かぶイメージに振り回されて冷静な判断ができなくなります。

ラベラーと仲良しのCさんは……
「私は負け組だ」と自分にレッテルを貼ってしまったせいで，自分の良いところが目に入らなくなり，自分が嫌になってしまいます。

【マグミニ】
自分の短所や失敗を実際より大げさに考えて，反対に自分の長所や成功を実際より小さくとらえることが得意なユガミンです。

マグミニと仲良くなりすぎると……
些細なミスや失敗を大げさに考えすぎて憂うつや不安な気分になったり，自分の良いところを「できて当たり前」と考えてポジティブに評価できなくなったりします。

マグミニと仲良しのDさんは……
サッカーの練習でゴールが1回も決まらなかったことを「とんでもないミスだ」と思い込み，試合でゴールが決まったことを「あれは，まぐれだった」と考えてしまいます。

【ベッキー】
自分や他者に対して「○○すべき」，「○○でなければならない」と考えることが得意なユガミンです。

ベッキーと仲良くなりすぎると……
ルールに縛られて生活が窮屈になったり，自分や他者の失敗を許せず怒りや緊張を感じやすくなったりします。

ベッキーと仲良しのEさんは……
「人と話す時はいつも笑顔でなければならない」と考え，体調不良などでつらいことがあっても，がんばって笑顔をつくろうと無理をしてしまいます。

【ジーブン】
良くない出来事が起こると，自分に関係がないにも関わらず，自分のせいだと考えるのが得意なユガミンです。

ジーブンと仲良くなりすぎると……
何か悪いことが起こると，自分のせいでそうなったのだと自分を責めてしまうため，自分のことが嫌いになってしまいます。

ジーブンと仲良しのFさんは……
　家族や友人がイライラしていると,「私がなにか悪いことをしたから怒っているのかも」と考えてしまいます。

【パンカー】
　わずかな出来事を根拠にあらゆる出来事が同じような結果になると一般化しすぎるのが得意なユガミンです。

パンカーと仲良くなりすぎると……
　嫌なことが繰り返し起こっているように感じてしまうため,落ち込みやすくなります。

パンカー

パンカーと仲良しのGさんは……
　ある人に頼みごとをして断られると,「誰も私の頼みなんかきいてくれないんだ」と考えてしまいます。

【ジャンパー】
　確かな理由もないのに,悲観的な思いつきを信じ込んでしまうことが得意なユガミンです。

ジャンパーと仲良くなりすぎると……
　物事が確実に悪い結果になると早合点してしまうなど,良くない結果を先読みしてしまい,不安定な気分に苦しみます。

ジャンパー

ジャンパーと仲良しのHさん……
　部署異動で初めての仕事をすることになり,「仕事を覚えられず,周りから『ダメなやつ』って思われるだろう」と考えてしまいます。

❖自分と仲良しのユガミンを知ろう

　8匹のユガミンをみていただきました。私たちの心には,すべてのユガミンが住み着いていますから,「どのユガミンも,私にあてはまる」と感じたかもしれません。
　どのユガミンをみてもわかるように,まだ決まったわけではないのに先取りして嫌な予想を信じ込んだり,いろんな可能性があるのに一面しかみていなかったり,根拠もないのに悪い方に決めつけてしまったりしています。それによって,随分と無駄なエネルギーを使って

いるのがわかりますね。

　問題なのは，このようなユガミンを抱えていることではなく，ユガミンによって生み出された硬くて極端な自動思考を鵜呑みにしてしまうことです。それによって，考えの幅が狭くなり，ネガティブな思い込みがどんどん膨らんでしまうという事態に陥ってしまいます。
　私たちは，強いストレスにさらされたときに，特に仲良くなりやすい特定のユガミンを持っています。強いストレスにさらされたときに，どのユガミンの影響を受けやすいか知っていると，「ああ，またシロクロンが出てきて完璧を求めようとしすぎちゃった。6割程度でいこう」というように，極端な自動思考に気づけて，それを修正しやすくなります。

　みつめなおし日記では，"4．○がついた考えにくっついているユガミンはだれ？　その理由は？"の欄に，嫌な気分に最も影響を与えた自動思考（みつめなおし日記の"2．そのとき浮かんだ考えは"で○をつけた自動思考）が，どのユガミンの影響を受けているかを考えて，該当するところに○をつけます。そして，そう判断した理由を簡単に書き込みます。
　みつめなおし日記を何枚か書いてみると，あなたと仲良しなユガミンが誰か，みえてくるでしょう。
　ここで注意してほしいのは，あなたが選んだユガミンに当たり外れはないということです。正しく書こうとするのではなく，自動思考にどんなユガミンがくっついているかを考えて，あなたなりの理由を書き出すことが大切です。

○身近なケースでみてみよう

①会社員の山内さんの場合
　以前登場していただいた山内さんに，再度登場していただきます。
　山内さんは，新年度に部署異動となり，新しい職場に移りました。新しい職場では，休憩をほとんどとらず仕事に打ち込み，夜も遅くまで残業するというスタイルを保っていました。
　山内さんがみつめなおし日記に書いてみたのは，"商品の発注ミスをしたことで，得意先から注意を受けた"という状況で，"憂うつ"と"みじめ"という気分が生じたことでした。このとき，山内さんにはいくつかの自動思考が浮かびましたが，最も嫌な気分にさせた自動思考は，「上司や同僚は俺をダメな社員だと思っている」を選びました。

　さて，山内さんはユガミンを見直しながら，この自動思考にくっついているのは誰か，考えてみました。今回の発注ミスというフィルターを通して，職場の人からの評価を想像しているので，この自動思考には"フィルタン"がくっついていると考えました。また，職場の

2 やってみよう！ 認知療法トレーニング

みつめなおし日記

1. 嫌な気分になったのは…
   - いつ？　3日前
   - どこで？　会社で
   - 誰と？　得意先の人から
   - 何をしていたとき？　発注ミスをしたため、注意を受けた

2. そのとき浮かんだ考えは
   - 俺は少しも仕事ができない。
   - ○ 上司や同僚は、俺をダメな社員だと思っている。
   - どうして、俺はいつもミスばかりするんだろう。
   - こんなことでは、仕事をクビになるだろう。

2. であなたを一番つらくさせる考えを1つ選び○をつけてください。

3. どんな気分？ それは100点満点中何点ぐらい？
   - [憂うつ] … 90 点
   - [みじめ] … 85 点
   - [　　　] … 　 点

4. ○がついた考えにくっついているユガミンはだれ？ その理由は？
   - シロクロン　（ 　）
   - フィルタン　（○）発注ミスというフィルターを通して、職場の人からの評価を想像している
   - ラベラー　（○）「ダメ社員」とラベルを貼ってしまっている
   - マグミ　（ 　）
   - ベッキー　（ 　）
   - ジーブン　（ 　）
   - バンカー　（ 　）
   - ジャンパー　（ 　）

山内さんのみつめなおし日記

人間の自分に対する評価は他にもいろいろあるかもしれないけど,「ダメ社員」とラベルを貼ってしまっているので,"ラベラー"もくっついていると考えました。
　そこで,この2匹のユガミンを,みつめなおし日記の4番目に書き込みました。

　ちなみに,他の自動思考についても,ユガミンをみつけてみることにしました。
　まず,「私は少しも仕事ができない」について。山内さんは,残業までして仕事に打ち込んでいるのに,少しも仕事ができていないというのは,「自分が理想とするように完璧にできているか,そうじゃないか」という100か0かで自分の働き方を見すぎていることに気づきました。そこで,この自動思考には"シロクロン"がくっついていると考えました。

　次に,「どうして,俺はいつもミスばかりするんだろう」について。山内さんは,ミスもすることもありますが,一方でしっかりと業務をこなし,目標を達成したことが何度もあります。にもかかわらず,今回の発注ミスという出来事で,「いつもミスばかりする」というのは,一般化しすぎていると思いました。そこで,この自動思考には"パンカー"がくっついていると考えました。

　最後に,「こんなことでは,仕事をクビになるだろう」について。山内さんは実際クビになったわけでもないし,そういう指摘を上司から受けたわけでもありません。失敗したのは事実ですが,クビになるという根拠はまったくないにもかかわらず,悲観的な将来を先読みしてしまっています。そこで,この自動思考には"ジャンパー"がくっついていると考えました。

　山内さんは,みつめなおし日記を何枚かつけてみた結果,自分と仲良くなりやすいユガミンは,"シロクロン"と"フィルタン"であることに気づきました。仕事中に憂うつやみじめな気分になったとき,完璧を求めようとしすぎていないか,良くない面から物事を見すぎようとしていないかを注意するように心がけています。

②大学生の鈴木さんの場合
　次に,鈴木さんに再登場してもらいましょう。
　鈴木さんは,クラスメイトに自分から話しかけたいのですが,いろんな自動思考が邪魔をして,話しかけられないでいます。グループのなかでも控え目に過ごし,自分から発言することはほとんどありませんでした。
　鈴木さんがみつめなおし日記に書いてみたのは,"友達の伊藤さんにメールを送ったが,返事が返ってこない"という状況で,"不安"という気分が生じたことでした。そして,このとき最も嫌な気分にさせた自動思考として,鈴木さんは「私のメールが,気に障ったにちがいない」と「伊藤さんは,私のことを嫌っている

2 やってみよう！ 認知療法トレーニング

みつめなおし日記

1. 嫌な気分になったのは…
   - いつ？　今日の午後2時ごろ
   - どこで？　家で
   - 誰と？　一人で
   - 何をしていたとき？　伊藤さんにメールをしたけれど、返事がすぐに返ってこなかった

2. そのとき浮かんだ考えは
   - ○　私のメールが気に障ったにちがいない。
   - ○　伊藤さんは、私のことを嫌っているんだ。
   - みんなから無視をされるイメージ。

2. であなたを一番つらくさせる考えを1つ選び○をつけてください。

3. どんな気分？　それは100点満点中何点ぐらい？
   - [　不安　]　…　90　点
   - [　　　　]　…　　　点
   - [　　　　]　…　　　点

4. ○がついた考えにくっついているユガミンはだれ？　その理由は？
   - シロクロン　（　）
   - フィルタン　（　）
   - ラベラー　（　）
   - マグミニ　（　）
   - ベッキー　（　）
   - ジーブン　（○）すぐに返事がないのは他の理由なのかもしれないのに、自分のせいにしている
   - バンカー　（　）
   - ジャンパー（○）ちゃんとした根拠もないのに、そう決めつけている

鈴木さんのみつめなおし日記

んだ」の2つを選びました。

　さて，鈴木さんはユガミンを見直しながら，この自動思考にくっついているのは誰か，考えてみました。まず，「私のメールが，気に障ったにちがいない」について考えてみました。こう考えたのは，メールの返事がすぐに来なかったことによります。しかし，冷静に考えてみると，返事がすぐに来ないというのは，いろんな理由が考えられるのに，ちゃんとした根拠もなくこのように考えていると思いました。そこで，この自動思考には"ジャンパー"がくっついていると考えました。また，すぐに返事が来ないのは他の理由なのかもしれないのに，自分のせいにしているところがあると気づきました。そこで，この自動思考には"ジーブン"もくっついていると考えました。
　一方，「伊藤さんは，私のことを嫌っているんだ」についても，これまで伊藤さんから「あなたのこと嫌い」と言われたりしたわけではなく，ちゃんとした根拠もないのにこのように考えているので，"ジャンパー"がくっついていると考えました。
　そこで，この2匹のユガミンを，みつめなおし日記の4番目に書き込みました。

　ちなみに，他の自動思考についても，ユガミンをみつけてみることにしました。鈴木さんは，クラスメイトのグループのみんなから無視をされるイメージが，頭の中に映像として浮かびました。このようなイメージは，普段鈴木さんが心配している「話しかけると，相手から嫌な顔をされるかも」とか，「話しかけても，無視されたらどうしよう」と思って，グループのなかでも控え目に過ごし，自分から発言することはほとんどないというスタイルと共通していました。今のグループでみんなから無視されたことは一度もないため，このようなイメージには"ジャンパー"がくっついていると考えました。
　また，このようなイメージが湧く根底には，「人といるときは，嫌われないように振る舞わないといけない」という考えもあるように思えました。そう考えると，「みんなから無視をされるイメージ」は，「嫌われないように振る舞うべき」という"ベッキー"も絡んでくるのかなと思いました。しかし，このあたりのイメージは，鈴木さんが普段から気にしていることなので，あまり深く掘り下げないことにしました。

　鈴木さんは，みつめなおし日記を何枚かつけてみた結果，自分と仲良くなりやすいユガミンは，"ベッキー"と"ジャンパー"であることに気づきました。他人と一緒にいて不安になったとき，いい子になりすぎていないか，根拠もないのに悪い先読みをしていないかを注意するように心がけています。

③主婦の田中さんの場合
　最後に，田中さんに再登場してもらいましょう。
　田中さんは，夫と2人の娘と暮らしています。この春，長女が地元で有名な公立高校に進

みつめなおし日記

1. 嫌な気分になったのは…
- いつ？　夕食後
- どこで？　自宅で
- 誰と？　次女と
- 何をしていたとき？　中間テストの結果を見ていた。私がテストや高校について注意すると、次女は外出してしまった。

2. そのとき浮かんだ考えは
- ○ このままでは、高校受験に失敗するにちがいない。
- ○ 次女がまっとうな道から外れてしまう。
- 私の力ではどうすることもできない。
- 私の育て方が悪かったんだ。

2. であなたを一番つらくさせる考えを1つ選び○をつけてください。

3. どんな気分？ それは100点満点中何点ぐらい？
- [悲観] … 95 点
- [不安] … 85 点
- [　　　] … 　　点

4. ○がついた考えにくっついているユガミンはだれ？ その理由は？
- シロクロン　（○）次女が行く高校は地元の進学校だけだと決めつけている
- フィルタン　（ ）
- ラベラー　（ ）
- マグミニ　（ ）
- ベッキー　（ ）
- ジーブン　（ ）
- バンカー　（ ）
- ジャンパー（○）まだ起こっていない将来のことを悪く先読みしている

田中さんのみつめなおし日記

学したのに対し，中学3年の次女は成績が平均程度で，高校受験に向けて勉強する様子もなく，最近は帰りも遅く門限も守らないことがあります。

田中さんがみつめなおし日記に書いてみたのは，"家で，次女と一緒に中間テストの結果を見ている"という状況で，"悲観"と"不安"という気分が生じたことでした。そして，このとき田中さんを最も嫌な気分にさせた自動思考は，「このままでは高校受験に失敗するにちがいない」と「次女がまっとうな道から外れてしまう」でした。

さて，田中さんはユガミンを見直しながら，この自動思考にくっついているのは誰か，考えてみました。まずは，「このままでは高校受験に失敗するに違いない」についてです。田中さんは，次女にも長女と同じように地元の進学校に進んでもらいたいと思っており，次女の進学希望はまだ聞いていませんでした。高校受験は地元の進学校だけで，あとはダメという自分の価値観が，このような自動思考につながったのかと考えました。そのため，この自動思考には"シロクロン"がくっついていると気づきました。また，どの高校にせよ，まだ高校受験をしていないのに落ちたことを想像しているのは，悪い先読みのしすぎだと考えました。そこで，この自動思考には，"ジャンパー"もくっついていると思いました。

もう一方の「次女がまっとうな道から外れてしまう」も，破局的な先読みをしすぎてしまっていると思えました。そのため，この自動思考にも，"ジャンパー"がくっついていると気づきました。

ちなみに，他の自動思考についても，ユガミンをみつけてみることにしました。田中さんは，「私の力ではどうすることもできない」と「私の育て方が悪かったんだ」という自動思考が浮かんでいました。

前者の方は，これまで娘のことについては，自分なりにいろいろと対処してきているのに，「私の力ではどうすることもできない」と考えるのは，自分を過小評価しているように思えました。そこで，この自動思考には"マグミニ"がくっついていると考えました。

一方，後者の自動思考については，次女の成績が平均程度であることは，次女の努力によるところが大きいはずなのに，自分のせいにしてしまっていることに気づきました。そこで，この自動思考には"ジーブン"がくっついていると考えました。

田中さんは，みつめなおし日記を何枚かつけてみた結果，自分と仲良くなりやすいユガミンは，"ジーブン"と"マグミニ"であることに気づきました。家族のことでストレスを感じたとき，一方的に自分を責めすぎてはいないか，問題を大きくとらえすぎて反対に自分の力を過小評価していないかを注意するように心がけています。

❖ 練習してみよう

　この章で学んだことを，今度はあなたが自分で試してみる番です。ステップ1では，みつめなおし日記の1から3までを埋める練習を行いました。

　今回は，4番目まで進めて，あなたをつらくさせた自動思考にくっついているユガミンをみつけてみましょう。右のページのみつめなおし日記に書き込んでください。遠見書房のホームページから，みつめなおし日記をダウンロードして練習してもかまいません。

　まず，これまでの復習から始めます。

　最近，嫌な気分になったときのことを思い出してください。そのときのことを，日記の1番目から3番目に埋めてみます。自動思考のなかから，あなたを一番つらくさせた考えを1つ選び，○をつけましょう。

　では，今回学んだことを練習してみましょう。○のついたあなたを最もつらくさせた自動思考にくっついているユガミンが誰かを考え，その理由とともに日記の4番目に埋めてみましょう。あなたが，「このユガミンだ」と思ったものが正解です。あてはまりそうなユガミンをチェックしたら，その理由を隣に書き込んでください。「ちゃんとした理由を」なんて力を入れず，あなたなりの理由をみつけられたら成功です。

ステップ２：ユガミンをみつけよう

みつめなおし日記

1. 嫌な気分になったのは…
   - いつ？
   - どこで？
   - 誰と？
   - 何をしていたとき？

2. そのとき浮かんだ考えは

2. であなたを一番つらくさせる考えを1つ選び○をつけてください。

3. どんな気分？ それは100点満点中何点ぐらい？
   - [　　　　　] … 　　点
   - [　　　　　] … 　　点
   - [　　　　　] … 　　点

4. ○がついた考えにくっついているユガミンはだれ？ その理由は？

   シロクロン　（　）_____
   フィルタン　（　）_____
   ラベラー　　（　）_____
   マグミニ　　（　）_____
   ベッキー　　（　）_____
   ジープン　　（　）_____
   バツカー　　（　）_____
   ジャンパー　（　）_____

❖あなたと仲良しのユガミンは誰？

　ここまでの練習だと，ユガミンをみつけられたとはいえ，嫌な気分があまり改善しないかもしれません。そこで，次に紹介する"考えの幅を広げてみよう"を読んで，みつめなおし日記全体を完成させるところまで練習してみましょう。

　みつめなおし日記を最後までつけられるようになったら，何枚も書いてみて書き上げたものをためてください。そして，たまった日記をみつめなおしてみましょう。

　よく登場するユガミンがみつかりましたか？　そのユガミンが，あなたが強いストレスにさらされたときに，特に仲良くなりやすいユガミンです。

　「私は，嫌な気分になったとき，○○の影響を受けやすいんだ」と頭の片隅で理解しておくと，今後あなたを苦しめるネガティブな自動思考が生じた際，それを鵜呑みにする態度を和らげることができます。そうやって，ネガティブな考えと上手におつきあいしていきましょうね。

コラム：ストレス社会を乗り切る４つの裏ワザ

（2）やる気を出す技

①その気になる目標をたてる

　私たちは，問題を解決するために，あるいは今よりも生活を豊かにするために，さまざまな目標をたてます。たとえば，「ダイエットしよう」とか「専門書を読破しよう」というように。

　ところが，目標をたててもすぐに挫折することがあります。"三日坊主"というやつです。そうなる理由の一つに，「目標が大きすぎる」ことがあります。目標が大きすぎると，それを何度越えようとしても越えられません。そんなことが重なると，目標達成への自信を失って「もう諦めよう」となります。

　こんなとき，目標に至る道のりを，自分で越えられる程度の小さなステップに分けます。小さな目標なら越えることができますし，その積み重ねでそのうち最終的な目標に到達するというわけです。このような技を，"スモールステップ"とよんでいます。

　たとえば，「専門書を読破する」という目標なら，毎日無理なく読める分量を決め，それを小さな目標として積み重ねていきます。「まだ誰も成功したことないのですが」と前置きされてやる気が出る人って，そう多くはありません。「これならなんとかできるかも」と思えて，人はやる気がわいてくるのです。

　はじめに決めた大きな目標を"長期目標"とするならば，それに至る道のりを小さなステップに分けたものは"短期目標"といえます。短期目標のたて方にも，やる気を出すためのコツがあります。

【具体的な行動として表す】
　短期目標を継続する原動力は，"達成感"です。達成感を味わえるには，何をすればよいか具体的に決めておかなければなりません。目標を具体的な行動として表すことで，達成したか否かがはっきりとわかります。

【できそうな目標に】
　「ダイエットしよう」という大きな目標を小さなステップにわけても，「毎日１時間走ろう」なんて目標をたてたら，多くの人は途方に暮れますよね。できそうもない目標は，私たちからやる気を奪います。「これならやれそう」と思えるからこそ，やる気が出るのです。

Column
コラム：ストレス社会を乗り切る4つの裏ワザ

【「しない」よりも「する」目標に】

「○○しない」というのは，我慢が強いられるので大変です。「○○しない」代わりに何をすればよいのかを考えましょう。たとえば，「食後はお菓子を食べない」ではなく，「食後はすぐに歯を磨く」というように。

【「他人」ではなく「自分」を主語に】

「母がもっと私のことを理解するようになる」というように，他人が変わることを目標に掲げる人がいます。自分の行動の結果として他人が変わることがあったとしても，他人を変えることは自分を変える以上に困難です。自分を主語とした目標だと，自分でなんとかできます。

②自分にご褒美をあげる

　読書好きの人が本を読むとき，ゲームが好きな人がゲームをするとき，「どうやってやる気を出そうか」と考える必要はありません。自然とやる気がわいてくるからです。なぜそうなるかというと，好きなことをすることによって良い結果が得られるからです。

　人の行動は，それをすることで本人にとって何らかの良い結果が得られた場合，次にまた起こりやすくなります。つまり，ある行動をしたあとに良い結果が生じると，その行動は普段の生活に定着しやすくなるのです。

　うつ病という病は，私たちから一時的にやる気（意欲）を奪います。ですから，うつ病が活発な間は，しっかりと休養して充電する必要があります。そうした状態ではないのにやる気が出ないとき，それは単にやる気を出したい行動が，その人にとって十分に良い結果をもたらさなかったということにすぎません。

　だとすれば，気のりしない行動へのやる気をひき出すにはどうすればよいでしょうか。あなたがやる気を出したい行動に，あなたにとって魅力的な結果を用意してあげればよいわけです。簡単にいうと，やる気を出したい行動をしたあとに，自分にご褒美をあげるのです。

　行動するたびにご褒美をあげてもよいですが，場合によってはコストがかかってしまいます。ここは，あなたが財布の中に持っている"ポイントカード"を応用しましょう。ポイントカードは，それを発行したお店へ行くための"やる気"を上手にひき出しています。ポイントカードのメリットは，①コストがかからない，②やる気を高める，③集めることが目標となる，④飽きない，などがあります。

　自分でカードを作ってもよいですし，カレンダーを利用してもかまいません。目標とする行動をしたあとに，カレンダーに○をつけるだけで，立派なポイントカード

になります。ポイントカードでやる気を引き出すには，コツがあります。まず，○がいくつたまると，どのようなご褒美を自分にあげるかを考えておきましょう。次に，集めるポイントの数ですが，多すぎても少なすぎてもいけません。「1,000円で1ポイント，100ポイント集めると素敵な商品Get！」なんてポイントをたまに見かけますが，これはいけません。ポイントを全部ためるのに，10万円かかってしまう……このような果てしない基準をみて，「よし，がんばって集めよう！」と思う人はいません。かといって，「筋トレ1回につき1ポイント。3ポイント集めたら，ショートケーキ1個」もよくありません。達成までの道のりが簡単すぎると，私たちはやる気が起こりません。それに，ダイエット目的でこんなことをしても，すぐにもらえるスイーツでダイエット効果台なしです……。

　やる気をひき出すための，あなただけの夢のポイントを作ってみてください。

③活動してみたあとを想像する

　ネガティブな考えが浮かぶと，憂うつな気分になりますね。憂うつな気分になると，楽しめる活動をしようとしなくなります。楽しめる活動から遠のくと，ますますネガティブな考えが浮かびやすくなります。これが，ストレスによる悪循環です。

　憂うつや不安など嫌な気分を軽くするには，楽しめる活動をしてみることが効果的です。しかし，いざなにかしようとすると，億劫になってやめてしまうことがあります。「映画を観に行くのも大儀だな」とか，「ランチを食べに行くのも面倒くさい」という感じで。

　このようなとき注目しているのは，その活動をする"まえ"です。つまり，身支度をして移動する手間を考えてしまうのです。憂うつな気分のとき，これらに注目すると，「やっぱりやめておこう」となるのも当然です。

　こういう場合に，"まえ"ではなく，その活動をした"あと"に注目してみるようにします。つまり，楽しめるような活動をしたあと，どんな気分や考えが浮かんでいるかと想像してみるのです。「映画を観たら，気分が高揚して気持ちいいだろうな」とか，「ランチを食べたあと，『来てよかった』って満足してるだろうな」とか。その活動をしたあとのイメージがよいものだと，それをしようとするやる気がわいてきます。

　そうやって，楽しめる活動をしてみて良い結果を得ると，それが呼び水となってまた楽しめる活動をしようとします。このようにして，悪循環を断ち切りつつ，良い循環を生み出してみてください。

ステップ3

考えの幅を広げてみよう

❖ 自動思考をさまざまな角度からとらえなおす

これまでのところで，ネガティブな自動思考が嫌な気分を生み出すこと，ネガティブな自動思考にはいろいろなユガミンがくっついていることをみてきました。自動思考にくっついたユガミンをみつけられたら，いよいよ自動思考をさまざまな角度からとらえなおして，別の考えをみつける作業に移ります。

そのまえに，大切なことをお伝えします。自動思考は，極端で現実的でない内容が多いのですが，必ずしも間違いではないということもあります。自動思考のある部分は間違っているけど，別の部分は正しいという場合もあります。ですから，自動思考が正しいか間違っているかという白か黒かの姿勢で臨まないようにしてください。大事なことは，あなたを嫌な気分にさせた自動思考の硬さを緩め，物事を幅広い視点から味わうという態度を育むことです。それによって，柔軟で現実にそった別の考えをみつけることができるのです。

さて，ユガミンを探した時と同じように，ここでもあなたを一番つらくさせている自動思考（みつめなおし日記の"2．そのとき浮かんだ考えは"で○をつけた自動思考）について，さまざまな角度からとらえなおしてみます。

そのために用意したのが，みつめなおし日記の"5．ユガミンと上手につきあうための7つの質問"です。これから，7つの質問をひとつずつ紹介します。7つの質問について考えると，普段とは異なる角度で物事をとらえることができます。7つの質問に答えることによって，考えの幅をゆったりと広げていくわけです。

質問に答える際に，「ちゃんとした答えを出さなければ」と力まないでくださいね。正しく答えようとすることが大切なのではなく，それぞれの質問にあなたなりの答えをみつけ出すことが大切なのです。仮にすべての質問に答えられなくても，7つ質問に基づいて考えようとしただけで，硬くなった考え方を柔軟にする練習になります。

"心の柔軟体操"だと思って，気楽にチャレンジしてみてください。

ステップ3：考えの幅を広げてみよう

①その考えがそのとおりだと思える理由は？

まず，自動思考を裏づける事実を探してみましょう。あなたを苦しめる自動思考が，本当にちゃんとした根拠があるかどうか探ってみるのです。

ここで注意してほしいのは，主観的な評価ではなく客観的な事実を探し出すということです。

次のような場面を想像してください。

『毎週欠かさず観ているテレビの時代劇で，主役が悪役に倒されてしまった』という状況で，「主役なのに負けるなんて情けない。もうこの番組は終わった……」という自動思考が浮かんだとします。この状況でこのような自動思考が浮かぶと，"悲しい・失望"という気分になりますね。

さて，この「主役なのに負けるなんて情けない。もうこの番組は終わった……」という自動思考の根拠として，Ａさんは『主役は負けてはいけない。毎回勝たなければ，番組が成り立たない』という理由を考えました。一方，Ｂさんは『倒されたまま今週の放送が終わった。共演の女優が泣いていた』という理由をみつけました。

ＡさんとＢさんの理由，どちらが自動思考を裏づける客観的な事実だと思いますか？ 答えは，【Ｂさんの理由】です。

Ａさんの理由は，確かに自動思考と一致しています。ところが，主役が嫌いな人にとっては，『主役は負けてはいけない』という理由は納得できません。『毎回勝たなければ，番組が成り立たない』というのも，Ａさんの価値観を述べているにすぎません。つまり，Ａさんが挙げた理由は，Ａさん自身の思い込みや解釈を表しています。

一方，Ｂさんの理由はどちらも自動思考を裏づけますし，誰がみても「そのとおり」と思える具体的な内容を表しています。このように，"主観的な評価"は本人の思い込みですが，"客観的な事実"は誰にとっても納得できるものであることに注意してください。

主観的な評価は，考えの幅を広げようとするときにまったく役に立たないどころか，あなたを嫌な気分にさせる自動思考を"根拠なく"強めてしまいます。ここは刑事や探偵になった気分で，自動思考を裏づける客観的な事実を冷静に探してみましょう。

みつかった答えは，みつめなおし日記の"５の①"に埋めてみてください。

②その考えと矛盾する事実は？

自動思考は，自動的・瞬間的に浮かぶ考えなので，多くの矛盾点を抱えています。冷静に自動思考をながめてみて，多くの矛盾点をみつけ出すことができると，あなたを嫌な気分にさせた自動思考の影響力は下がります。

ここでも，①と同じように客観的な事実を矛盾点として挙げるようにします。

先ほどと同じ例で考えてみましょう。

「主役なのに負けるなんて情けない。もうこの番組は終わった……」という自動思考の矛盾点として，Ａさんは『主役は，悪役に情をもってしまったのかも。主役は，毎回勝つことに疲れたのかも』という理由を考えました。一方，Ｂさんは『まだ必殺技を使っていない。今回が最終回ではない』という理由をみつけました。

さて，この場合どちらが"主観的な評価"で，どちらが"客観的な事実"であるかわかりますか。

もし，主役が番組の中で「悪役にもいい奴がいる。そんなやつを倒すなんて俺にはできないよ」とか「俺はもう，毎回勝つことに疲れてしまったよ……」とぼやく場面があれば，『主役は，悪役に情をもってしまったのかも。主役は，毎回勝つことに疲れたのかも』という理由は客観的事実になります。

ところが，そのような事実が番組の中でまったくなければ，Ａさんの挙げた理由は，Ａさん自身の推測や解釈でしかないので，自動思考と矛盾する事実としてふさわしくありません。Ｂさんの挙げた理由が客観的な事実であり，この質問への答え方として適切です。

自動思考を信じ込んでいると，新たな考えがなかなか思い浮かびません。しかし，客観的な事実として自動思考の矛盾点がみつかると，自動思考に対する確信度が下がり，結果的に別の考えをみつけやすくなります。

物事を悪く考えすぎてしまうとき，私たちはそうした考えを強めるようなことばかりに目が向きやすくなります。「悪い病気になったのかも」と考えると，些細な身体の不調にばかり注意が向きやすくなります。「最近，恋人は私に冷たい」と考えると，相手の素っ気ない態度しか目に入らなくなります。「俺は何をやってもうまくいかない」と考えると，過去の失敗や嫌な出来事ばかりを思い出そうとします。物事を悪く考えすぎてしまうときこそ，そうした考えと矛盾する事実に目を向けて，物事を幅広くとらえることが大切になるのです。

みつかった答えは，みつめなおし日記の"5の②"に埋めてみましょう。

③その考えのままでいるデメリット（良くない点）は？

自動思考の多くは，偏りのある柔軟性に欠けた考えですが，まるっきりデタラメであるというわけではない場合もあります。そのようなときは，自動思考を抱えたままでいることのデメリットをみつけ出すことが，考えの幅を広げるのに役に立ちます。

自動思考は，あなたに何かしらデメリットをもたらしているはずです。デメリットをみつけるために，次の問いを参考にしてみてください。

ステップ3：考えの幅を広げてみよう 59

- 自動思考を抱えたままでいると，あなたの気分はどうなってしまいますか？
- 自動思考を鵜呑みにしてしまっていることで，できなくなっていることはないですか？
- 反対に，自動思考を鵜呑みにすることで，結果的に不都合なふるまいをしてはいませんか？
- 自動思考が頭の中をグルグルしていることで，周囲の人とどのように関わろうとしていますか？

　デメリットにちゃんとした答えはありません。あくまでも，あなたにとって自動思考を抱えたままでいることのデメリットは何か，を考えてみてください。
　みつかった答えは，みつめなおし日記の"5の③"に埋めてみましょう。

④この状況であなたががんばっている点や良いことは？

　私たちは，普段の生活の中で，"良いこと"や"良くないこと"をバランスよく経験しています。悪く考えすぎてしまうときは，実はこの"良くないこと"に注目しすぎてしまうという状態に陥っていることが多いようです。
　良くないことだけに注目してしまうと，気分は落ち込んでしまいます。たとえば，働いている人が，"失敗したこと"や"ダメだと思うこと"ばかりに注目すると，働く自信を失ったり仕事が嫌になったりするでしょう。
　考えの幅を広げるには，"良くないこと"だけではなく"良いこと"にも目を向けるようにしないといけません。かといって，"良いこと"ばかりに目を向けていると，それはただの"能天気"になってしまい，反省が生まれません。必要なのは，バランスです。偏った注目の仕方に，バランスを取り戻すことが大切なのです。

　良いことをみつけるコツは，"些細なこと"や"小さなこと"にも目を向けてみることです。"シロクロン"や"フィルタン"などのユガミンと仲良しになると，身の回りで経験する"小さな良いこと"をキャッチしづらくなります。そうなると，「どうして私には良くないことばかり起こるのだろう」とつらくなるばかりです。完璧な良いことを求めたり，良くない面を通して物事を見すぎたりすることで，私たちの人生は満足できるものとなるでしょうか。小さなこと，些細なことで十分なので，良かったことを探してみましょう。そうすることが，良くないことに注目しすぎるクセを軽くしてくれます。

　一方，良くない状況であっても，私たちは自分なりの対処や工夫をして，その状況に向き合っているものです。たとえば，「ここ3カ月近く，不安な日々を過ごしている」という訴えは，一見良くないことばかりのように思えます。この状態で，この人のがんばっている点を見出すとすれば，どこだと思いますか？「不安な日々を，3カ月近くも辛抱してきた」という点です。この点に気づけると，「では，どうやって3カ月近くも不安を抱えながら，なんと

か今日まで凌ぐことができたのか」と，良くない状況に向き合ってきた自分の対処や工夫について，もっと詳しく考えることができます。

自分のがんばっている点をみつけられないのは，「これでよし」と思えるハードルが高すぎるのかもしれません。つまり，どこかで完璧であろうとしすぎている可能性があります。「これでよし」と思えるハードルを下げて，嫌な気分になった状況であなたががんばっている点をみつけてみましょう。

ちょっと，練習。"禁煙を決意したのに，それが3日しか続かなかった"という状況で，「私はどうして意志が弱いんだろう」と考えて落ち込んでいる人がいたとします。この人が，この状況でできているところって，どんなことだと思いますか？

できているところを探し出すためのコツは，文字通り「○○できた」と考えてみることです。さて，先ほどの人ができているところ，がんばっている点は，次の2つです。

「あれだけ大好きなタバコをやめようと考えることができた」
「長年吸い続けてきたタバコと，まずは3日間離れることができた」

人とは不思議なもので，できなかったところは，どんなに些細な点でも見逃さずに上手にみつけることができます。あなたは，そうやって"できなかったところ"貯金だけを，これからも増やしていきたいですか？ 些細なところから"できているところ"貯金を，少しずつ始めていきませんか。そのような貯金は，いずれ「私はそれなりによくやっているなぁ」という利子を生みだし，あなたの中に自信や自尊心という豊かさをもたらしてくれるでしょう。

みつかった答えは，みつめなおし日記の"5の④"に埋めてみてください。

⑤親しい人が同じ考えで苦しんでいたら何と言ってあげる？

次の場面を想像してみてください。

街で知人にすれ違ったとき，挨拶したのに返してくれなかったことを，あなたに愚痴っている友達がいます。その友達はこう言います。「返事をしてくれなかったのは，私を嫌っているからだ」。そう思って，友達は落ち込んでいるのです。さて，あなたはこの友達になんと言ってあげますか？

「あなたの声が小さくて，相手に聞こえなかったんじゃないの」
「相手はなにか考え事をしていて，あなたに気づかなかったんじゃないの」

友達にかけてあげる言葉が，いろいろ浮かびますね。

また，このエピソードは，一度だけの話です。その友達が，相手と目を合せて大きな声で挨拶したのに返事がなかったことが何度も続いているようなら，「まぁ，私は嫌ってないから」

と慰めてあげたらいいわけです。

　ところが，返事がなかったのは一度だけです。

　「一度返事がなかったからって，嫌われていると考えるのは極端じゃないの」と言ってあげることもできそうです。

　では，友達の「返事をしてくれなかったのは，私を嫌っているからだ」という訴えと，周りの人からの3つの声かけ，どちらが現実的な考えだと思いますか？　周りの人が言ってあげた3つの声かけの方が，現実的な内容を反映しています。

　問題の渦中にあるとき，私たちは冷静に考えたり，別の考えをみつけたりすることは難しいかもしれません。反対に，人から相談ごとを受けたとき，先ほどの例のようにいろんな助言をすることができます。これは，他人のことは文字通り他人事なので，少し距離をおいて冷静に判断し柔軟に考えることができるためです。

　この理屈を応用して，家族や友人など親しい人があなたと同じ考えで苦しんでいたとしたら，何と言ってあげるかを考えてみてください。そこで思いつく声かけが，バランスのとれた現実的な考えとなっています。

　みつかった答えは，みつめなおし日記の"5の⑤"に埋めてみましょう。

　⑥この考えから解放されるために何をすればよい？

　ネガティブな考えは，堂々巡りしやすい傾向があります。ネガティブな考えに苦しんだ経験があると，よくわかると思います。

　考えてばかりだと，頭の中でグルグルして袋小路に陥りやすいのだとすれば，考えることから離れるための手段を探して実行してみるのも役に立ちます。

　自動思考の悪循環から解放されるためには，何をすればよいか具体的に考えてみましょう。些細なことでよいので，自動思考を止めるために実践できそうなことは何でしょうか。あるいは，過去に似た経験をしていれば，その際どのようにして対処したかを思い出してみましょう。

　自動思考が頭の中で何度も反芻（はんすう）しているということは，その時間あなたは自分のために有益な活動を行えるチャンスを犠牲にしていると考えることもできます。

　「嫌な考えを延々と考え続けることに時間を費やすことが大事？　それとも私が本当にしたいことに時間を費やすことが大事？」と自分に尋ねてください。自動思考から解放されるためにしてみようと思えることが，ひらめきやすくなります。

　みつかった答えは，みつめなおし日記の"5の⑥"に埋めてみましょう。

　⑦自分にどんなことを言ってあげると楽になれそう？

　ネガティブな自動思考が私たちを苦しめているわけですから，反対に「自分にどんなことを言ってあげると楽になれそう？」の問いに答えてみましょう。

「こんな言葉をかけてあげると，ほんの少し楽になるだろうなぁ」とか，「この状況でこんなことを言ってあげると，気持ちが軽くなるだろうなぁ」と思えるような自分へ送る言葉を探してみます。

このとき，今の自分がそのように考えられるかどうかという判断は置いておきましょう。「こんなふうに思えるかな？」とか，「こんなこと考えてもナンセンスだよ」などとあれこれ判断してしまうと，楽になる考えは浮かんできません。

ここは，「下手な鉄砲も数撃ちゃ当たる」の言葉通り，思いつく限り自分を楽にしてくれそうな言葉を考えてみます。このような作業は，習慣化して硬くなった考えを柔らかくする練習にもなります。

ネガティブな自動思考によって，あなたはもう十分に嫌な気分を味わいました。楽になる言葉をみつけてバランスを取り戻そうとしても，バチはあたりません。

みつかった答えは，みつめなおし日記の"5の⑦"に埋めてみましょう。

❖バランスの良い新たな考えを作り出す

7つの質問に答えることができたら，それらを基にバランスのとれた新たな考えを作り上げましょう。自動思考とは別の視点で，柔軟で現実的な考えを作り出して，みつめなおし日記の"6．7つの質問をまとめて，バランスの良い考えにすると"に書き込みます。

ここで作り出す新たな考えは，ひとつでもよいし，複数でもかまいません。「新たな考えをみつけるからには，良いものを考えないといけない」なんて力まないでくださいね。最初に浮かんだ自動思考と少しでも違う角度で別の考えをみつけられたら，あなたはすでに"考えの幅を広げる"ことに成功しています。

7つの質問への答えを組み合わせてみると，バランスの良い柔軟な考えができあがります。たとえば，①の"自動思考がそのとおりだと思える理由"と，②の"自動思考と矛盾する事実"を繋いでひとつの考えとして表現すると，いろんな可能性を踏まえた幅の広い考えになります。7つの質問への答えからあなたが気に入ったものを取り上げて，そのまま書き出してもいいですね。7つの質問への答えを見直すと，頭の中に新たな考えがひらめくかもしれません。

「こんな考えなんて，意味があるのかな」などと評価をせず，思い浮かんだ新たな考えを書き込むようにしましょう。そのような態度が，あなたの考え方を柔軟で幅の広いものに育んでくれます。

❖気分の変化をチェックする

新たな考えを作り出したら，それによってはじめの気分がどのように変化したかをチェッ

クします。

　みつめなおし日記の"7．そう考えると，『3』の気分の点数がどう変わるかな？"に，始めの気分を書き込んでその強さを0〜100点で評価します。新たな良い気分が生じた場合は，その気分も書き込み，同じように強さを0〜100点で評価します。

　ここで，はじめの気分が少しでも改善していたら，あなたのみつけた新しい考えは役に立ったということになります。はじめの嫌な気分が100点で，新たな考えをみつけたあとの同じ気分が70点というように少しでも下がっていれば，OKです。

　ここで注意してほしいのは，「少ししか下がっていないから，新たな考えをみつける作業は失敗だった」と評価しないことです。このような評価には，物事を0か100かでとらえるシロクロンがくっついていそうですね。

　大事なことは，あなたが試みた考えの幅を広げる作業によって，わずかでも気分が改善したという事実です。その事実は，嫌な気分を軽くすることが，考えの幅を広げることが，あなたにはできるということを示しています。

　みつめなおし日記を用いて何度も練習を繰り返すことで，もっと気分を改善したり，バランスの良い柔らかい考えを作り上げたりすることができるようになります。

　もし，気分の変化がほとんどみられない場合は，みつめなおし日記の中で次のような点をチェックしてみてください。

気分が改善しないときのチェック項目
□嫌な気分になった状況を，具体的に書き出せていますか？　嫌な気分になった状況を具体的に書き出してみることで，そのとき浮かんだ自動思考を思い出しやすくなります。
□みつめなおした自動思考は，あなたを一番つらくさせた考えですか？　嫌な気分にもっと強く影響を与えた自動思考は，ほかにありませんか？　嫌な気分になった状況をもう一度思い出して，まだみつかっていない自動思考がないか，探ってみましょう。
□はじめに浮かんだ自動思考を通して，気分をチェックしていませんか？　自動思考を鵜呑みにするのをやめて，あなたがみつけた新たな考えをもとに気分をチェックしてみましょう。
□7つの質問には，あなたなりの答えを書き込めていますか？　①や②には，あなたの主観的な思い込みは紛れ込んでいませんか？　考えの幅を広げる練習として，それぞれの質問に気軽に取り組んでみましょう。
□あなたが作り出した新たな考えは，プラス思考すぎませんか？　新たな考えが納得できないとすれば，どのような点ですか？　新たな考えが十分に納得できるかどうか，自分に尋ねてみましょう。

　新たな考えを作り出しても，そのような考えを基に生活したわけではないので，すぐには納得できないこともあるかもしれません。そのような場合は，新たな考えが現実的かどうか，自分に役立つかどうかを，実際の生活の中で検証してみるようにしましょう。次の章で紹介

する"行動で試してみよう"に取り組んでみてください。

❖身近なケースでみてみよう

①会社員の山内さんの場合

ここで，ふたたび山内さんに登場してもらいましょう。

山内さんは，"商品の発注ミスをしたことで，得意先から注意を受けた"という状況で，"憂うつ"と"みじめ"という気分が生じていました。そして，このとき山内さんを最も嫌な気分にさせた自動思考は，「上司や同僚は俺をダメな社員だと思っている」でした。そして，この自動思考には"フィルタン"と"ラベラー"がくっついていました。

さて，山内さんは，みつめなおし日記の"5．ユガミンと上手につきあうための7つの質問"に挑戦しました。

1番目の質問です。山内さんは，「上司や同僚の視線が冷たいときがある」という根拠をまず考えました。しかし，"視線が冷たい"というのは具体的にどういう態度か挙げづらく，また仮に冷たい視線だったとして，それが自分のことをダメだと言っているとは限らないことに気づきました。つまり，「上司や同僚の視線が冷たいときがある」は，誰もが納得できる客観的な事実ではなく，自分の主観的評価（思い込み）であると，山内さんは思い直せたのです。

そして，今回の発注ミスを上司に報告し，上司からも注意を受けたことや，これまで何度かミスをしたことがあるということが，自動思考の客観的な根拠として考えられたので，その点を書き込みました。一方で，"ダメ社員"だと他の社員が思っていそうな態度をみつけるのは，案外難しいことにも気づきました。

2番目の質問です。山内さんは，上司からの対応に注目し，「ダメ社員だと思っている」という考えと矛盾した対応はなかったか思い返してみました。すると，上司が「君の仕事ぶりは，丁寧だからその調子でよろしくな」と時々褒めてくれることを思い出しました。また，同僚も仕事のことで自分に尋ねてきたり，お願いしてきたりすることがあり，"ダメ社員"と思われているという考えと矛盾すると思いました。そこで，これらの点を，2番目の質問の答えとして書き込みました。

3番目の質問です。山内さんは，この考えを信じこむことによって，周囲からの評価が余計に気になり，ますます仕事に打ち込んでしまい心も体もくたびれてしまうというデメリットに気づきました。また，この考えのままでいると会社に行くのも億劫になってしまいます。そこで，この2点を答えとして書き込みました。

ステップ3：考えの幅を広げてみよう

みつめなおし日記

1. 嫌な気分になったのは…
   - いつ？　3日前
   - どこで？　会社で
   - 誰と？　得意先の人から
   - 何をしていたとき？　発注ミスをしたため、注意を受けた

2. そのとき浮かんだ考えは
   - 俺は少しも仕事ができない。
   - ○上司や同僚は、俺をダメな社員だと思っている。
   - どうして、俺はいつもミスばかりするんだろう。
   - こんなことでは、仕事をクビになるだろう。

2. であなたを一番つらくさせる考えを1つ選び○をつけてください。

3. どんな気分？ それは100点満点中何点ぐらい？
   - [憂うつ] … 90 点
   - [みじめ] … 85 点
   - [　　　] … 　 点

4. ○がついた考えにくっついているユガミンはだれ？ その理由は？
   - シロクロン　（ ）
   - フィルタン　（○）発注ミスというフィルターを通して、職場の人からの評価を想像している
   - ラベラー　（○）「ダメ社員」とラベルを貼ってしまっている
   - マグミ　（ ）
   - ベッキー　（ ）
   - ジーブン　（ ）
   - バンカー　（ ）
   - ジャンパー（ ）

5. ユガミンと上手につきあうための7つの質問

   ①その考えがそのとおりだと思える理由は？
   発注ミスを上司に報告し、注意を受けた。
   これまで何度かミスをしたことがある。

   ②その考えと矛盾する事実は？
   上司から時々褒めてもらえる。
   同僚から、仕事を頼まれたり尋ねられたりする。

   ③その考えのままでいるデメリット（良くない点）は？
   ますます仕事に打ち込んで、心や体がくたびれる。
   会社に行くのが億劫になる。

   ④この状況であなたが頑張っている点や良いことは？
   すぐに対応したので、大変な事態にならずに済んだ。

   ⑤親しい人が同じ考えで苦しんでいたら何と言ってあげる？
   その程度のミスをしない人はいないのに、ダメ社員ってみられると思うのは極端じゃないか。

   ⑥この考えから解放されるために何をすればよい？
   仕事帰りに本屋に寄って、新刊をみる。

   ⑦自分にどんなことを言ってあげると楽になれそう？
   自分のがんばりにも目を向けてあげよう。たまには仕事を置いてのんびりする時間を作ろう。

   答えるヒント
   ・「良し悪し」などアイデアの評価を行わない。
   ・心の柔軟体操だと思って気楽に考える。

6. 7つの質問をまとめて、バランスの良い考えにすると
   たまにミスをして、上司から注意されることもあるけど、褒められる時もある。ミスをしない人なんていないのに、ダメ社員なんて少し極端かな。良い仕事をするには、自分が元気でいないといけないから、仕事に打ち込みすぎるのではなく、たまには仕事帰りに本屋に立ち寄るとかしてのんびりしよう。

7. そう考えると、『3』の気分の点数がどう変わるかな？
   - [憂うつ] … 50 点
   - [みじめ] … 35 点
   - [　　　] … 　 点

山内さんのみつめなおし日記

4番目の質問です。山内さんは「確かに発注ミスをして得意先から注意を受けたけど，すぐに対応したため大変な事態にならずに済んだなぁ」と思い返して，その点を書き込みました。

5番目の質問です。山内さんは，飲み仲間の高田さんから，今回の件について相談された場面を具体的に想像してみました。すると，「その程度のミスをしない人なんていないのに，ダメ社員だと職場の人間から見られるって心配するのは極端じゃないか」とアドバイスをするだろうと思ったので，この点を書き込みました。

6番目の質問です。山内さんは，仕事が終わってもこのように悲観的に考えてしまい，憂うつな気分に浸っていました。そこで，「仕事が終わってまで，自分は本当にこんなことを考えていることに時間を使いたいのだろうか？ 仕事が終わったら，何をしたいか」と自分に尋ねてみました。すると，お気に入りの作家が最近出した新刊のことを思い出しました。そこで，仕事帰りに本屋に立ち寄り，本をみてみようと考えました。

7番目の質問です。山内さんは，一方でこのように他人からの評価を気にしすぎてしまうことに，ほとほと嫌気がさしていました。そこで，「自分のがんばりにも目を向けてあげよう。たまには仕事のことを考えずに，のんびりする時間を作ろう」と，自分への声かけを考えてみました。

7つの質問について考えた結果，山内さんは当初自分を苦しめた考えが，少し極端であることに気づけました。そこで，7つの質問のうち，まず①の根拠と②の矛盾点を足して，バランスの良い考えを作りました。また，他人からの評価を気にしすぎるあまり，仕事に打ち込みすぎて，その結果余裕を無くしてミスが起こったりすることもあるかと，7つの質問に答えたあとに考えました。そこで，余裕をもって仕事を続けるための考えを，質問への答えから作り出しました。

新たな考えをもとに気分をチェックしてみると，当初の"憂うつ"が90点から50点に，"みじめ"が85点から35点に下がりました。

②大学生の鈴木さんの場合

今度は，鈴木さんの場合をみてみましょう。

鈴木さんは，"友達の伊藤さんにメールを送ったが，返事が返ってこない"という状況で，"不安"という気分が生じていました。そして，このとき最も嫌な気分にさせた自動思考として，鈴木さんは「私のメールが，気に障ったにちがいない」と「伊藤さんは，私のことを嫌って

いるんだ」の2つを選びました。そして,これらの自動思考には"ジャンパー"と"ジーブン"がくっついていました。

　さて,鈴木さんは,みつめなおし日記の"5．ユガミンと上手につきあうための7つの質問"に挑戦しました。
　1番目の質問です。「私のメールが,気に障ったにちがいない」については,最初「返事がすぐに来ないこと」を根拠として考えました。しかし,返事がすぐに来ないというのは,相手が他のことをしていてすぐに返信できなかったり,電源を切っていたり,電波の届かない所にいる可能性もあるため,「気に障った」と考える根拠にはならないと気づきました。
　そこで,「私を嫌っている」の根拠を考えることにしました。鈴木さんは,「伊藤さんは,こちらから話しかけても,『うん』とか『そうだね』とか,適当に返事をすることがある」という出来事を思い出しました。しかし,よく考えてみたところ,前半については事実だけど,後半の「適当に返事をする」は本当に伊藤さんが適当に返事をしているかどうかはわからず,鈴木さんの主観的な判断（思い込み）が入り込んでいることに気づきました。そこで,「たまに話しかけても,『うん』などと手短に返事することがある」と書き込みました。

　2番目の質問です。鈴木さんは,過去に似たような内容のメールを送ったことがあるけど,そのときはすぐに返事が来たことを思い出しました。また,伊藤さんから,これまで何度かケーキバイキングに誘われたことも思い出しました。これらは,自動思考と矛盾する客観的な事実だと思えたので,書き込みました。

　3番目の質問です。鈴木さんは,これらの考えがグルグルと堂々巡りすることで,「伊藤さんに話しかけづらくなること」と,「メールの内容を気にしすぎて窮屈になること」のデメリットがあることに気づき,これらを書き込みました。

　4番目の質問です。この状況で自分のがんばっている点や良いことを考えてみましたが,それに対する答えがなかなか浮かんできませんでした。そこで,鈴木さんはこの質問を後回しにすることにしました。

　5番目の質問です。鈴木さんには仲の良い妹がいました。そこで,妹からこのような相談を受けたと想像してみました。その結果,「バイトとかですぐに返事が返せない状態かもしれないよ」とか,「嫌いな人を遊びに誘ったりしないから,大丈夫だよ」といった助言をするだろうと思いました。そこで,この2点を書き込みました。

　6番目の質問です。鈴木さんは,相手からの返信が気になって携帯電話をしょっちゅうチェックし,他のことが手に付かずにいました。そこで,少々勇気のいることですが「翌日,

2 やってみよう！ 認知療法トレーニング

みつめなおし日記

1. 嫌な気分になったのは…
- いつ？　　　今日の午後2時ごろ
- どこで？　　家で
- 誰と？　　　一人で
- 何をしていたとき？　伊藤さんにメールをしたけれど、返事がすぐに返ってこなかった

2. そのとき浮かんだ考えは
- ○ 私のメールが気に障ったにちがいない。
- ○ 伊藤さんは、私のことを嫌っているんだ。
- みんなから無視をされるイメージ。

2. あなたを一番つらくさせる考えを1つ選び○をつけてください。

3. どんな気分？それは100点満点中何点ぐらい？
- [不安] … 90 点
- [　　] … 　　点
- [　　] … 　　点

4. ○がついた考えにくっついているユガミンはだれ？その理由は？
- ソロクロン（　）
- フィルタン（　）
- ラベラー（　）
- マグミニ（　）
- ベッキー（　）
- ジーブン（○）すぐに返事がないのは他の理由のかもしれないのに、自分のせいにしている
- バンカー（　）
- ジャンパー（○）ちゃんとした根拠もないのに、そう決めつけている

5. ユガミンと上手につきあうための7つの質問

① その考えがそのとおりだと思える理由は？
たまに話しかけても「うん」などと手短に返事をすることがある。

② その考えと矛盾する事実は？
以前似たようなメールを送ったが、すぐに返事が来た。伊藤さんから、これまで何度かケーキバイキングに誘われた。

③ その考えのままでいるデメリット（良くない点）は？
伊藤さんに、話しかけづらくなる。メールの内容を気にしすぎて、窮屈になる。

④ この状況であなたが頑張っている点や良いことは？
今までのように一方的に「嫌われた」って考えるのではなく、いろんな角度からもう一度捉えなおしている。

⑤ 親しい人が同じ考えで苦しんでいたら何と言ってあげる？
バイトとかですぐに返事を返せない状態かもしれないよ。嫌いな人を遊びに誘ったりしないから、大丈夫だよ。

⑥ この考えから解放されるために何をすればよい？
明日、伊藤さんにメールが届いたか尋ねてみる。携帯電話を見えない所に置いて、講義のレポートを書く。

⑦ 自分にどんなことを言ってあげると楽になれそう？
私は私なりによくやっているから、そんなに人のことを気にしてビクビクしなくてもいいんだよ。

答えるヒント
- 「良し悪し」などアイデアの評価を行わない。
- 心の柔軟体操だと思って気楽に考える。

6. 7つの質問をまとめて、バランスの良い考えにすると
以前、同じようなメールを送ったけど、すぐに返事が返ってきたしその後の様子もいつもと変わりなかった。すぐに返事がないのは確かに気になるけど、たいした根拠もなく嫌なことばかり考えても仕方がない。気に障るようなことがあったと指摘されたら直すようにして、とりあえずレポートでも片づけよう。

7. そう考えると、『3』の気分の点数がどう変わるかな？
- [不安] … 70 点
- [　　] … 　　点
- [　　] … 　　点

鈴木さんのみつめなおし日記

伊藤さんにメールが届いたかどうか尋ねてみる」ことにして，明日までに仕上げないといけないレポートがあるので，携帯電話を見えない所に置いてそれにとりかかることを考えました。

7番目の質問です。鈴木さんは，自動思考にくっついている2匹のユガミン，"ジャンパー"と"ジーブン"を思い出しました。それで，「私は，ちゃんとした根拠もないのに，人から嫌われているってつい考えてしまうよなぁ」と思ったり，「こんなに他人のことに配慮してがんばっているのに，自分が悪いって考えてしまうのって，自分で自分をいじめているよね」などと思ったりしました。すると，だんだん自分が愛おしくなってきました。「私は私なりによくやっているから，そんなに人のことをあれこれ気にしてビクビクしなくていいんだよ」というメッセージが浮かんできたので，これを7番目の質問への答えとして書き込みました。

さて，残った4番目の質問について，鈴木さんはもう一度考えてみました。ここまで，質問に対して自分なりに答えを出してみて，鈴木さんは「今までは一方的に『嫌われた』とか考えていたけど，それを違う角度からとらえなおしていることが，良い点だ」と思い，とても納得できました。そこで，この点をしっかりと書き込みました。

7つの質問について考えた結果，鈴木さんは最初に浮かんだ自動思考が必ずしもすべて正しいわけではないかもしれないと思えました。でも，返事がないのが気にならなくなったかといえばそうではなく，まだ気になっています。そこで，その点も加えて7つの質問への答えをふまえながら，別の考えをみつけ出しました。

新たな考えをもとに気分をチェックしてみると，高かった不安がわずかに下がった感じがしたので，70点としました。

③主婦の田中さんの場合
最後に，田中さんの場合をみてみましょう。

田中さんは，"家で，次女と一緒に中間テストの結果を見ている"という状況で，"悲観"と"不安"という気分が生じていました。そして，このとき田中さんを最も嫌な気分にさせた自動思考は，「このままでは高校受験に失敗するにちがいない」と「次女がまっとうな道から外れてしまう」でした。そして，これらの自動思考には，"シロクロン"と"ジャンパー"がくっついていました。

さて，田中さんは，みつめなおし日記の"5．ユガミンと上手につきあうための7つの質問"に挑戦しました。

1番目の質問です。高校受験に失敗するという根拠として，「中間テストで1科目が平均

2 やってみよう！ 認知療法トレーニング

点以下だったこと」を挙げました。また，まっとうな道から外れる根拠として，「勉強するように言っても，勉強せずに門限を守らない」という根拠を挙げました。

　2番目の質問です。高校受験に失敗すると考えて悲観しているわけですが，次女がどの高校に行きたいのか，田中さんはまだ聞いていないことに気づきました。田中さんとしては，長女のように公立の進学校を目指してほしいところです。ここを第一志望と考えると，今回の中間テストの結果では心もとないのですが，高校によっては，多くの科目で平均点をとれている今の実力で入学できるとも思いました。そこで，この点を1つ目の自動思考の矛盾点として書き込みました。

　次の「まっとうな道から外れる」ですが，この場合まっとうとはどのような状態を想像しているのかと，田中さんは考えてみました。そして，フラフラして定職に就かず，夜も良くない友達と遊びほうけている次女の姿をイメージしました。ちなみに，このようなイメージも田中さんを憂うつにする自動思考の一種です。さて，このイメージの矛盾点，逆の言い方をするとこのような姿に次女がならない根拠を，田中さんは探ってみました。すると，夜はたまに門限を破りますが，それは毎日のことではないことに気づきました。加えて，毎朝自分で起きて朝ごはんを食べて中学に通っており，学校での態度で担任から注意を受けたこともありません。そこで，この点を2つ目の自動思考の矛盾点として書き込みました。

　3番目の質問です。この考えのままでいると，次女の些細なことにまでガミガミと口出ししてしまうため，次女は余計に自分の言いつけを聞き入れなくなるという悪循環に陥っているように思えました。また，そうなると自分もストレスがどんどんたまってしまうことにも気づきました。そこで，これらの点を，自動思考を抱えるデメリットとして書き込みました。

　4番目の質問です。この状況で良いことなんて何もないと，田中さんは思っていました。でも，"心の柔軟体操"と思い直して些細なことに目を向けようとしてみました。すると，次女は中間テストを母親にみせて，最初は一緒にその場で母の言うことを聞いていることに注目することができました。そして，母からの小言が段々増えてきた結果，次女は外出したのだという流れを理解することができました。このとき，田中さんは「次女は最初から私の話を聞かないようにしたわけではなかった。多くのテストで平均点をとっているってことは，次女なりにがんばったかもしれないのに，悪かったテストや高校受験のことを私が一方的に責めたり問いただしたりしたから，耐えきれなくて外に出て行ったのかもしれない」と思うことができました。

　5番目の質問です。次女が幼い時からのママ友の香川さんから，自分と同じ状況について相談を受けたと想像してみました。すると，やはり「たくさん平均点とってるんだから，次女なりにがんばってるんじゃないの。朝も自分で身支度して学校に休まず通ってるし，大丈

みつめなおし日記

1. 嫌な気分になったのは…
- いつ？　夕食後
- どこで？　自宅で
- 誰と？　次女と
- 何をしていたとき？　中間テストの結果を見ていた。私がテストや高校について注意すると、次女は外出してしまった。

2. そのとき浮かんだ考えは
- このままでは、高校受験に失敗するにちがいない。
- 次女がまっとうな道から外れてしまう。
- 私の力ではどうすることもできない。
- 私の育て方が悪かったんだ。

2. であなたを一番つらくさせる考えを1つ選び○をつけてください。

3. どんな気分？ それは100点満点中何点ぐらい？
- [　悲観　]　…　95　点
- [　不安　]　…　85　点
- [　　　　]　…　　　点

4. ○がついた考えにくっついているユガミンはだれ？ その理由は？
- シロクロン　（○）次女が行く高校は地元の進学校だけだと決めつけている
- フィルタン　（　）
- ラベラー　（　）
- マグミ　（　）
- ベッキー　（　）
- ジープン　（　）
- バンカー　（　）
- ジャンパー　（○）まだ起こっていない将来のことを悪く先読みしている

5. ユガミンと上手につきあうための7つの質問

①その考えがそのとおりだと思える理由は？
中間テストで1科目が平均点以下だった。勉強するように言うのに勉強せずに門限を守らない。

②その考えと矛盾する事実は？
多くの科目で平均点をとれているので、行ける高校もある。毎朝自分で起きて登校している。担任から注意されたことはない。

③その考えのままでいるデメリット（良くない点）は？
次女の些細なことにまで口出ししてしまう。その結果、次女は余計に言いつけを聞かなくなるし、私もストレスがたまる。

④この状況であなたが頑張っている点や良いことは？
次女は、最初は一緒にその場で私の言うことを聞いていた。

⑤親しい人が同じ考えで苦しんでいたら何と言ってあげる？
たくさん平均点とってるんだから、次女なりにがんばってるんじゃないの。朝を自分で身支度して学校に休まず通ってるし、大丈夫だよ。

⑥この考えから解放されるために何をすればよい？
今まで怒ってばかりだった自分を率直に謝り、前回の中間テストで多くの科目で平均点をとれたことを褒める。

⑦自分にどんなことを言ってあげると楽になれそう？
私は私なりに一生懸命娘を育ててきたよ。育児の手を緩めて、娘に任せるところも増やしていければいいね。

答えるヒント
- 「良し悪し」などアイデアの評価を行わない。
- 心の柔軟体操だと思って気楽に考える。

6. 7つの質問をまとめて、バランスの良い考えにすると
次女は最初から私の話を聞かないようにしたわけではなかった。多くのテストで平均点をとっているってことは、次女なりにがんばったかもしれないのに、悪かったテストや高校受験のことを私が一方的に責めたり問いただしたりしたから、耐えきれなくて外に出て行ったのかもしれない。

7. そう考えると、『3』の気分の点数がどう変わるかな？
- [　悲観　]　…　20　点
- [　不安　]　…　15　点
- [　　　　]　…　　　点

田中さんのみつめなおし日記

夫だよ」と，これまでの質問で考えた答えを裏づけるような助言が浮かんできました。

　6番目の質問です。4番目の質問を通して，田中さんはこれまで次女の良くないところばかりに目を向けてしまっていたことに気づいて，ショックを受けました。次女の良くないところに注目しすぎるあまり，次女に対する小言が増え，次女もそんな母親に反抗して言うことを聞かなかったり，門限を破ったりして，私はますます次女の良くないところに注目してしまうという悪循環に陥っているのではないかと気づきました。そして，多くのテストで平均点をとるということは，全く勉強していないわけではなく，次女なりにがんばっているのかもしれないと思えました。

　田中さんは，次女に対する自分のストレスを軽くするためにも，次女のためにも，次女の良いところに注目して，その点をしっかりと褒めてあげたいと思いました。そうすることが，これまでの次女との間で生じた悪循環を断ち切ることになるのではと考えたのです。次女が帰ってきたら，今まで怒ってばかりだった自分を率直に謝り，前回の中間テストで多くの科目で平均点をとれたことを褒めてあげようと思い，この点を6番目の質問への答えとして書き込みました。

　7番目の質問です。これまでの質問を通して，「次女なりにがんばっているかも」とか，「もっと次女の良いところにも目を向けよう」と思えた田中さんは，「私の育て方が悪かった」という自責的な考えが少し緩まった感じがしました。そこで，「私は私なりに一生懸命娘を育ててきたよ。育児の手を緩めて，娘に任せるところも増やしていければいいね」という言葉を考え，書き込みました。

　さて，7つの質問をまとめて新たな考えをみつけ出す作業です。田中さんは，7つの質問を通して「娘の良くないところにばかり注目しすぎた対応をしてしまった結果，娘は私の対応から逃れようとして，私はますます良くないところに注目した」という悪循環に気づけたのが大きな収穫だと思ったので，このことを新たな考えとして書き出してみました。

　新たな考えをもとに気分をチェックしてみると，当初の"悲観"が95点から20点に，"不安"が85点から15点に下がりました。

❖何度も練習して自分の技にしよう

　みつめなおし日記は，嫌な考えが浮かんだり嫌な気分になったりすると，その場で書けるときはそのときに，そうでなければあとで振り返って書くようにします。「思い出すと嫌な気持ちになるから怖い」と心配する人がいます。ですが，みつめなおし日記に書くということは，自動思考を鵜呑みにする態度を改め，あなたの思考をバランスのとれた柔らかいものに変えるための練習ですので，むしろ取り組めば取り組むほどあなたの気分を軽くしてくれ

❖ 練習してみよう

　この章で学んだことを，今度はあなたが自分で試してみる番です。これまでの章では，みつめなおし日記の1から4までを埋める練習を行いました。
　今回は，残りの5から7までを埋め，みつめなおし日記を完成させてみましょう。次ページのみつめなおし日記に書き込んでください。遠見書房のホームページから，みつめなおし日記をダウンロードして練習してもかまいません。

　まず，これまでの復習から始めます。
　最近，嫌な気分になったときのことを思い出してください。そのときのことを，日記の1番目から3番目に埋めてみます。自動思考のなかから，あなたを一番つらくさせた考えを1つ選び，○をつけましょう。

　次に，○をつけた自動思考にくっついているユガミンが誰かを考え，その理由とともに日記の4番目に埋めてみましょう。あなたが，「このユガミンだ」と思ったものが正解です。

　では，今回学んだことを練習してみましょう。あなたを最もつらくさせた自動思考について，みつめなおし日記の5番目の7つの質問を通して，とらえなおしてみましょう。①と②には客観的な事実を書くという以外，正しい答え方はありません。心の柔軟体操だと思って，気軽に答えを出してみてください。

　7つの質問に，あなたなりの答えを書き込めましたか？　では，7つの質問への答えを基にして，自動思考とは異なる新たな考えをみつけてみましょう。それをみつめなおし日記の6番目に書いてください。

　新たな考えを書き込むことができたら，嫌な気分になった状況を，新たな考えで想像しなおしてみてください。当初の嫌な気分の強さは，どう変わったでしょうか。少しでも気分が改善していたらOKです。新たな良い気分が生じた場合は，その気分も書き込み，強さを0〜100点で評価してください。新たな考えをみつけても気分がまったく変わらない場合は，63ページの【気分が改善しないときのチェック項目】に基づいて，原因をチェックしてみましょう。

2 やってみよう！ 認知療法トレーニング

みつめなおし日記

1. 嫌な気分になったのは…
   - いつ？
   - どこで？
   - 誰と？
   - 何をしていたとき？

2. そのとき浮かんだ考えは

2.であなたを一番つらくさせる考えを1つ選び○をつけてください。

3. どんな気分？ それは100点満点中何点ぐらい？
   - [　　　　　] … 　　点
   - [　　　　　] … 　　点
   - [　　　　　] … 　　点

4. ○がついた考えにくっついているユガミンはだれ？ その理由は？
   - シロクロン　（　）_____
   - フィルタン　（　）_____
   - ラベラー　（　）_____
   - マグミミ　（　）_____
   - ベッキー　（　）_____
   - ジープン　（　）_____
   - バンカー　（　）_____
   - ジャンパー　（　）_____

5. ユガミンと上手につきあうための7つの質問
   ① その考えがそのとおりだと思える理由は？
   ② その考えと矛盾する事実は？
   ③ その考えのままでいるデメリット（良くない点）は？
   ④ この状況であなたが頑張っている点や良いことは？
   ⑤ 親しい人が同じ考えで苦しんでいたら何と言ってあげる？
   ⑥ この考えから解放されるために何をすればよい？
   ⑦ 自分にどんなことを言ってあげると楽になれそう？

答えるヒント
- 「良し悪し」などアイデアの評価を行わない。
- 心の柔軟体操だと思って気楽に考える。

6. 7つの質問をまとめて、バランスの良い考えにすると

7. そう考えると、『3』の気分の点数がどう変わるかな？
   - [　　　　　] … 　　点
   - [　　　　　] … 　　点
   - [　　　　　] … 　　点

みつめなおし日記

ます。

　"ユガミン"，"７つの質問"，"バランスの良い考え"に，正しい答えはありません。正しく書こうとするよりも，自動思考をつかまえて自分なりに書こうとする癖をつけることが大切です。

　慣れるまで少し時間がかかるかもしれませんが，練習を重ねれば簡単に取り組めるようになります。そして，練習すればするほど，物事をさまざまな角度からとらえようとする態度が育まれ，みつめなおし日記に書かなくても頭の中でこれと同じ作業ができるようになるでしょう。

　自転車について考えてみてください。自転車に乗れる人だと，長年自転車に乗っていなくても，乗ろうと思えばいつでも乗れるはずです。なぜなら，幼い頃何度も何度も自転車の乗り方を練習したからです。

　幼い頃，自転車の乗り方を練習していた時は，バランスのとり方やペダルの踏み方を，毎回意識していたはずです。ところが，今はそういったものをいちいち意識せずに自転車に乗ることができます。これと同じで，みつめなおし日記を用いて練習を重ねていくと，いつしか生活の中で簡単に自動思考をつかまえ，それをさまざまな角度からとらえなおし，別の考えをみつけられるようになるでしょう。

　みつめなおし日記を使いこなして，悪く考えてしまうクセに対処し，バランスの良い柔軟な思考をみつける技を，あなたのペースで身につけてください。

コラム：ストレス社会を乗り切る4つの裏ワザ

（3）角を立てずに言いたいことを言う技

　私たちは，人とのつきあいの中で，さまざまなストレスを感じます。特に，自分の言いたいことを周囲にうまく伝えられないことが，ストレスを強める大きな原因となります。

　普段のコミュニケーションをふり返ってください。言いたいことを言いすぎて，つい刺々（とげとげ）しい言い方になってはいませんか。反対に，言いたいことを我慢しすぎ，自分の意に反して相手に合わせた言い方になってはいませんか。前者のようなパターンを"おしすぎ"，後者のようなパターンを"ひきすぎ"といいます。おしすぎは相手を大切にできておらず，ひきすぎは自分を大切にできていません。

　自分も相手も大切にしながら，自分の気持ちや意見をはっきりと言うパターンがあります。このようなパターンを，"はっきり"話法といいます。角を立てずに言いたいことを言う"はっきり"話法による会話のコツを，お伝えします。

【ステップ1】言いたいことをはっきりさせる
　誰に，何について言いたいのかを明確にしましょう。
　（例）取引先の坂本さんに。メールの返事がないことについて。

【ステップ2】自己主張を阻（はば）む自動思考をみつめなおす
　言いたいことが言えないのは，それを阻む自動思考が浮かんでいるからかもしれません。「強く言わないとなめられる」とか「こんな扱いを受けるのはバカにされているからだ」という自動思考が浮かぶと，"おしすぎ"になります。「本音を言ったら嫌われる」とか「こんなことを言うと相手は気を悪くするだろう」という自動思考が浮かぶと，"ひきすぎ"になります。自己主張を阻む自動思考をつかまえたら，それをさまざまな角度からとらえなおして，バランスの良い新たな考えを作り出してみましょう。

　（例）
　「私のことなんて，どうでもいいと思っているから返事をくれないんだ」（自動思考）
　　　↓
　「受け取りメールが多くて，そのなかに紛れ込んでしまったせいで失念しているのかもしれない」（新たな考え）

【ステップ３】状況を客観的に説明する

　言いたいことに関する状況を述べると，そのあとの話が円滑に進みます。なぜなら，それによって自分の言いたいことが，相手により伝わりやすくなるからです。このとき，「いま，忙しい」などと主観的に表現するのではなく，「いま，１週間以内に終わらせないといけない仕事を抱えています」などと客観的に述べるようにしましょう。

　（例）
　「先週の金曜に，面会の依頼についてのメールを送った」

【ステップ４】自分の伝えたいことを具体化する

　自分はどうしたいのか，または自分のどのような気持ちを相手にわかってほしいのかを具体的に表現しましょう。その際の主語は，「わたし」です。「わたし」を主語にするだけで，何が言いたいかがはっきりします。

　（例）
　「私は，メールがきちんと届いているか気になっている」

【ステップ５】相手への配慮を伝える

　自分の意思を伝えるなかにも，相手の気持ちを配慮した言葉が少しでもあると，相手が受け取りやすくなります。相手への共感を示す言葉や謝意の気持ちなど，簡単でよいので相手を思いやる言葉を加えてみましょう。

　（例）
　「お忙しいときに，何度もすみません」

【ステップ６】建設的な提案をする

　言いたいことを言いづらいのは，言いたいことが相手の意に沿わない場合です。このようなとき，建設的な提案ができると，角を立てずに自分の意思を伝えることができます。ほんの些細なことでよいので，相手の意向と自分の考えを少しずつ織り交ぜた現実的な提案をしてみましょう。

　（例）
　「もし，近日中に面会のお時間を作っていただくことが難しいようでしたら，今月中にご都合がつくときにでもお会いしたいのですが」

【ステップ７】はっきり話法に仕立て上げる

【ステップ3（状況の説明）】から【ステップ6（建設的な提案）】を，つながりが良い順序で組み合わせて，はっきり話法を作ってみましょう。それを，ステップ1で考えた相手に実際に言ってみるわけですが，自信がなければ事前に何度かリハーサル（練習）を行ってみます。

（例）
「お忙しいときに何度もすみません（相手への謝意）。先週の金曜に，面会の依頼についてのメールを送ったのですが，届きましたか（状況の説明）。私は，メールがきちんと届いているか気になっています（自分の伝えたいこと）。もし，近日中に面会のお時間を作っていただくことが難しいようでしたら，今月中にご都合がつくときにでもお会いしたいのですがいかがでしょうか（建設的な提案）」

　このようなステップを繰り返し踏むようにすると，そのうち自然とはっきり話法で言えるようになります。最初は言いやすい人から練習し，慣れてくれば言いにくい人へと徐々にレベルを上げていくようにします。ただし，状況によっては本音を言わない"ひきすぎ"がよかったり，"おしすぎ"を用いて強く言った方がよい場合もあります。基本は"はっきり"，時々"ひきすぎ""おしすぎ"です。

ステップ4
行動で試してみよう

❖新たな考えをみつけてみたけれど……

　これまでのところで，物事を悪く考えてしまうクセをどのように柔軟に変えていくかについてお話しました。しかし，みなさんの中には，「バランスの良い考えをみつけたけれど，これって本当かな？」と，まだ納得できない人もいらっしゃるのではないでしょうか？
　「『みんなから嫌われているわけではない』って考えてみたけど，やっぱり嫌われていたらどうしよう」という考えが消えずに他人に声をかけることをためらったり，「『適度に休憩をとりながら，6割程度で仕事に向かおう』と思ったけど，いつも全力で働いていないと上司や同僚から悪い印象をもたれる」と考えてしまい，いつものようにがんばりすぎてしまったり。これまであなたを嫌な気分にした自動思考にしたがって，いまだに生活してしまう人がいるかもしれません。このような人に試してもらいたいのが，"行動実験"とよぶものです。

❖行動実験ってなに？

　考えは気分だけでなく，行動にも影響を与えます。たとえば，「私が好きなことをすると，夫は私を詮索したり押さえつけようとしたりするだろう。そうなったら，私は対処できない」と考えていた妻がいたとします。こう思うと，憂うつな気分になります。また，このような考えを鵜呑みにしていると，彼女は好きなことをしようとはせず，夫に対して従順な行動をとるかもしれません。考えが気分だけではなく，行動もコントロールしている様子がみえてきますね。
　反対に，夫に対して従順な行動をとればとるほど，「私は夫からの詮索や押さえつけに抵抗できない。私は夫といると，好きなことができない」と考えて，憂うつな気分を強めてしまうでしょう。つまり，行動も考えや気分に影響を与えるのです。

　これまで，自動思考をみつめなおし，新たな考えをみつける練習を行ってきました。しかし，新たな考えをみつけてみたとしても，今までどおり自動思考と見合った行動をとり続けていたとしたら，まだどこかで自動思考を信じていて，その影響を受けているということになります。そうなると，自動思考がいつまでもあなたを縛り続けてしまいます。せっかくみ

つけた新たな考えは，"絵に描いた餅"となってしまいますね。
　一方，あなたを嫌な気分にした自動思考を新たな考えに置きかえても，新たな考えのもとに生活を行ってみないと，その考えが本当かどうかわかりません。つまり，新たな考えに見合うように行動してみないと，新たな考えを納得できないというわけです。
　心のどこかでネガティブな自動思考が気になっているとすれば，これまでとは違う行動を試してみて，自動思考を検証してみる必要があります。新たな考えが十分に納得できないのであれば，その考えに見合った行動を実際に行ってどのような結果になるか，自分の肌で感じとる必要があります。このようにして，あなたを嫌な気分にした自動思考や新たにみつけた考えが現実的かどうかを確かめてみるための方法を，"行動実験"といいます。

❖行動実験のすすめ方

　これから行う行動実験は，あらかじめどのような方法で行うのか，どのような結果が予測されるかなど，事前に計画をたててから始めます。「行動実験なんて難しそう」って自動思考が浮かんできそうですが，大丈夫。ここでも，みつめなおし日記と同じように，行動実験を簡単に行うために【行動実験ワークシート】（付録2）を用いて進めていきます。
　「試してみるからには，なんとしても良い結果を出さなければいけない」なんて力まないでくださいね。"考え"が現実的かどうか試してみる，あくまでも"実験"なので，気楽に早速チャレンジしてみましょう。

①試してみたい考えを書き出してみる
　はじめに，あなたが「本当かどうか」確かめたい考えを行動実験ワークシートの"①試してみたい考えは？"に書き出してみます。ここで扱う"考え"は，みつめなおし日記によってあなたがみつけた新たな考えでも，あなたを嫌な気分にさせた自動思考でも，どちらでもかまいません。
　いろいろ試してみたいとは思いますが，考えをひとつだけ選んでみましょう。初めて行動実験に取り組む場合は，気軽にチャレンジできるように，あなたにとってあまり負担のない考えを選ぶようにしてください。
　試してみたい考えが決まったら，その考えをあなたがどれくらい確信しているか評価してみましょう。試してみたい考えについて，「まったくそのとおりだと思わない」場合は0%，「とてもそのとおりだと思う」場合は100%とし，あなたの直感でよいので0から100%で考えについての確信度を評価してみてください。

②どんな方法で実験を進めるか考える
　試してみたい考えを検証するために，どんなことをしてみるとよいと思いますか？　行動実験とは，文字通り"行動"で試してみることですが，実際どのような行動にチャレンジし

ステップ4：行動で試してみよう

てみるかを考えてみましょう。その内容を，行動実験ワークシートの"②どんな方法で実験を進める？"に書き出してください。

　実験してみることは，できるだけ具体的に考えるようにしましょう。そうすると，何をすればよいかがはっきりしますし，試してみたい新たな考えや自動思考が現実的かどうかを正確に評価することができます。

　実験することを具体的に書き出すために，次の4つの手順にしたがって実験方法を考えてみましょう。
　第1に，その実験をいつするかを考えてみましょう。はっきりと日時を決めてもいいですし，「実験するチャンスが訪れたらいつでも」と大まかに決めておいてもかまいません。ただし，あなたが余裕のないときや関わる人が忙しくしている時間帯では，せっかく実験を行っても落ち着いて取り組むことが難しいかもしれません。まずは，落ち着いて実験に取り組める時間帯を考えてみてください。
　第2に，その実験をどこで行うかを考えてみましょう。あなたが試してみたい考えが現実的かどうか，はっきりと確かめることができる場所を選んでください。たとえば，「母親は私の言うことに耳を傾けてくれないだろう」という自動思考を試してみたいのであれば，母親がお店で買い物に没頭している状況よりは，リビングルームでゆったりと過ごしている状況の方がよいでしょう。
　第3に，その実験を誰と行うかを考えてみましょう。あなただけで実験できることなら"一人"と書けばいいですし，誰か特定の人がいないと実験を進めることができないのであれば，その人を書き込みます。たとえば，「上司は，自分のことを嫌っているわけではなく，気にかけてくれている」という新たな考えを試してみたいのであれば，上司を相手に何かしてみる必要がありますから，"上司"と書き込むとよいわけです。
　第4に，その実験で何をするかを考えてみましょう。ここが，行動実験で行う"行動"にあたります。ここでは，実際に行うことをぼんやりと述べるのではなく，具体的に書き出すことが重要です。「他人に話しかけても嫌な顔をされて相手にしてくれないだろう」という自動思考を試したいのなら，「コンビニで店員に話しかける」と書くよりも，「コンビニで『プリンのある場所はどこですか』と店員に尋ねる」とした方がよいでしょう。「電車に乗ると，周りの人から変なものでもみるようにジロジロとみられるだろう」という自動思考を試してみたいなら，「電車に乗って周りをみる」と書くよりも，「○駅から○駅まで電車に乗って，目線を下にせず，周りの人たちの様子を観察する」とした方がよいでしょう。ここを読むと，誰もが同じように行動できるように，なにをどうするか具体的に書き出してください。

③実験によってどのような結果になるか予測してみよう

　あなたが考えた方法で実験を行ったあと，どのようなことが起こりそうですか？
　自動思考を試してみたい人は，自動思考のせいで今まで避けたり我慢したりしてきたこと

にチャレンジすることになると思います。避けたり我慢したりしてきたのは，「そうしないと悪いことが起こる」と予測したからですよね。そうしたことは，本当にこの実験によって起こりえるでしょうか？

または，新たな考えを試してみたい人は，実際に実験してみることでどのような結果になると思いますか？

あなたが想像する結果を，行動実験ワークシートの"③予測"に書き出しましょう。

ここでも，予測を具体的に考えることが大切です。あなたが，実験方法で決めたとおりの行動を行ってみたら，どのようなことがあなたの身の回りに起こりそうか，想像してみてください。

他人を交えた実験をする場合，その相手はあなたが行動したあと，どのような反応をすると思いますか？「私が好きなことをすると，夫は私を詮索したり押さえつけようとしたりするだろう」という自動思考を試してみたい人は，「『ちょっと外出してくるね』と言って出かけようとすると，夫は『どこに行くんだ？　別に今行かなくてもいいだろう』と外出を阻止してくるだろう」という予測になるかもしれません。「他人に話しかけても嫌な顔をされて相手にしてくれないだろう」という自動思考を試してみたい人は，「話しかけられた店員は，私を睨みつけて質問に答えてくれないだろう」という予測になるかもしれません。

良い予測でも悪い予測でも，「行動実験によってこうなりそう」という予測を，あなたなりにたててみてください。

④実験中に起こりそうなトラブルを予想する

先ほどは，あなたが実験を行ったあと，どのようなことが起こりそうかを考えました。実験を最後までやり遂げられれば，実験後の結果をちゃんと検証できますが，あなたが実験している最中に何らかのトラブルが起こるかもしれません。

たとえば，普段から人目を気にしていて，「人ごみのなかを歩いていると，周りから変にみられるに違いない」と思っている人がいたとします。この自動思考が本当かどうかを確かめるために，実際に買い物客でにぎわうショッピングモールを歩いている最中に，胸がドキドキして我慢できなくなり，途中で店を出てしまったらどうなるでしょう？「人ごみのなかを歩くなんて，私には無理だ。やっぱり自動思考は本当だ」と，自動思考の確信度を強めてしまうかもしれません。

実験をやると決めたからには，結果がどうであれ計画通り最後までやってみる必要があります。そうしないと，自動思考や新たな考えが現実的かどうか，確かめることができないからです。にもかかわらず，途中で実験をやめてしまうと，新たな考えが本当かどうか確かめられないどころか，先ほどのたとえのように嫌な自動思考を強める結果になりかねません。

途中でトラブルが起きて実験をやめてしまわないように，事前に備えておくことが大切になります。実験の最中に起こりそうなトラブルを，行動実験ワークシートの"④実験中に考

えられるトラブル"に書き出してみましょう。

　実験中は，緊張や不安が高くなりやすく，想定していないことが起こると冷静さが欠けてしまいます。そのため，今のうちにどのようなトラブルが起こるかを冷静に考え，それへの対処法を準備しておくことで，実験を最後までやり遂げることができるようになります。避難経路を確認しているだけで，万が一の時にも落ち着いた行動をとれることと同じです。

　起こりそうなトラブルを，思いつくまま挙げていただくとよいわけですが，思いつかない場合は次の視点で考えてみると，実験中に起こりそうなトラブルを想像しやすいでしょう。

　あなたは，その実験中，どのような体の反応が現れると思いますか？「冷や汗が出たり，息苦しくなってしまう」とか「体が硬直して，動けなくなってしまう」と考える人もいるかもしれませんね。

　実験中に，計画には含まれていない行動をとってしまう可能性はありませんか？「思わずその場から逃げだしてしまう」とか，「いつものように強い口調でくってかかる」など，行動実験とは反対の行動をとってしまう可能性があるとすれば，それをトラブルとして挙げておきます。

　あるいは，行動実験を途中でやめさせるような自動思考が浮かぶかもしれません。実験している途中で何が起こりそうで心配なのかを考えてみると，実験を途中であきらめさせようとする自動思考を事前に予想することができます。実験中に起こってほしくないことは，どんなことでしょうか？「本音を言ったら相手から嫌われる」とか「息苦しくなったら，その場を離れないと大変なことになる」などと，浮かんできそうな自動思考を予想できたら，それもトラブルとして書き出しておきましょう。

⑤トラブルへの対処法を考えよう

　先ほど挙げたトラブルについて，1つずつどのように対処するかを考えておきましょう。対処法をあらかじめ考えておくことで，トラブルを完全に防ぐことはできないかもしれませんが，ダメージを最小に抑えることはできます。「備えあれば憂いなし」ですね。あなたの考えた対処法を，行動実験ワークシートの"⑤トラブルへの対処法"に書き出しましょう。
【アイデアを出す】
　トラブルへの対処法は，「これを実行すれば，対処できそう」とあなたが思えるものなら，なんでもかまいません。それでうまくいかなければ，次からは同じトラブルに対して違う対処を行えばよいのです。トラブルへの対処法が浮かびにくい人のために，対処法のみつけ方を紹介します。まず，紙とペンを用意してください。そして，トラブルが生じたらどうやって対処するか，頭に浮かんでくるアイデアを紙に書き出します。ここで，アイデアを浮かびやすくするコツが2つあります。第1に，対処法の良し悪しの判断はしないということです。私たちの頭からアイデアが浮かぶのを邪魔するのが，"やる前からの良し悪し判断"なのです。「こんなの意味がない」とか「自分にできない」などと判断してしまうと，アイデアは

頭に浮かんできません。どんなに荒唐無稽なアイデアでもかまわないので，頭に浮かんだ対処法はそのまま紙に書き出すようにします。第2に，できるだけたくさんの対処法を考えてみるということです。たくさんのアイデアが浮かぶと，そのなかにキラッと光るアイデアが紛れ込んでいます。「下手な鉄砲も，数撃ちゃ当たる」です。

　このようにしてアイデアを紙に書き出すと，トラブルへの対処法リストが完成します。次は，そのなかから使える対処法を選びます。対処法を選択する基準は，2つあります。トラブルの対処に効果的かどうかという基準と，実行できそうかどうかという基準です。2つの基準にしたがって，それぞれの対処法に10点満点で点数をつけてみます。まず，トラブルの対処に効果的かどうかという基準について，「全然効果なさそう」を0点として，「とっても効果がありそう」を10点としたら，その対処法は何点ぐらい効果がありそうかを評価します。つぎに，実行できそうかどうかという基準について，「実行する自信はまったくない」を0点とし，「十分に実行できる」を10点としたら，その対処法は何点ぐらい実行できそうかを評価します。そうして，それぞれの対処法の効果と実行性の点数を足して，点数の一番高い対処法を，トラブルへの対処法として選ぶようにします。

　次で紹介しているのは，「会議でプレゼンテーション中に，頭が真っ白になって言うことを忘れてしまった」というトラブルに対して，ある人が考え出した対処法とその有効性についてです。このリストで考えると，2番目の対処法の効果と実行性の合計点が12点で，4番目の対処法は15点です。したがって，このトラブルへの対処法として，2番目の対処と4番目の対処を選択すると良いわけです。

　このような方法を用いても対処法が浮かばない場合，「他人にアドバイスするなら，なんていうか」と考えてみてください。友だちや家族など，あなたにとって身近な人から「こんなトラブルが起こったら，どうやって対処すればいい？」と尋ねられた場合を想像してみましょう。自分のことだと，なかなかアイデアが浮かばなくても，このようにして距離をおいて考えてみるだけで，アイデアが浮かんでくるものです。それでも浮かばなければ，身近な人にアドバイスを求めてもかまいません。

「会議でプレゼンテーション中に言うことを忘れた」トラブルへの対処法		
対処法	効果	実行性
ここにいるのはみんなジャガイモだと思う。	1	6
「あがって，頭が真っ白になってしまったので少しお待ちください」と言って，深呼吸する。	7	5
お腹が痛くなったふりをしてトイレに駆け込む。	5	1
「ここまででご質問はありませんか」と尋ね，時間稼ぎしている間に言うことを思い出す。	8	7

【不適切な対処は用いない】

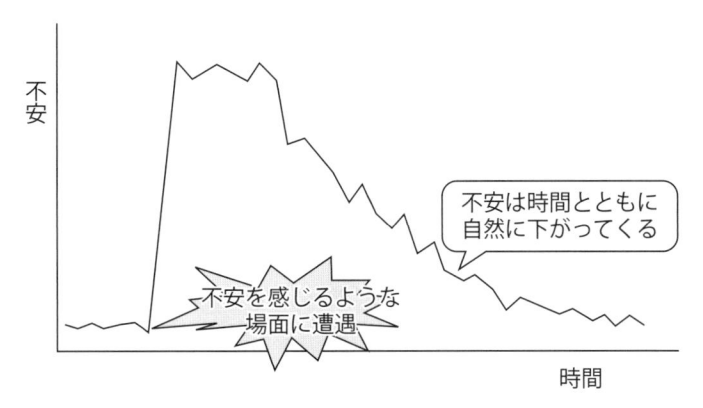

図　苦手な場面に直面すると，不安は必ず上がるが，その場にとどまると時間とともに自然と下がる

　トラブルへの対処として，「その場から逃げる」という方法を挙げる人がいます。もちろん，"スズメバチが襲ってくる"など，その場にいることが本当に危険な場合は，逃げるが一番です。しかし，その場にいつづけることが本当に危険かどうかわからないのに，「このままだとまずい」という内なる声にしたがって逃げてしまうと，まえにも書いたように試してみたい考えを確かめることができません。ですから，その場にとどまることが，誰が考えても危険だと思えるような状況でないかぎり，「その場から逃げる」という対処は用いないようにしましょう。

　「そうは言っても，不安や緊張はほうっておくとどんどん高くなって最後は……」と心配する人もいるかもしれません。そんな人のために，不安の秘密をこっそりお教えします。私たちは，不安を感じるような場面に遭遇すると，図のように不安な気分が一気に上がり，しばらくの間ドキドキした状態が続いてしまいます。このとき，多くの人は「このままだと，とんでもないことになる」と思い，その場から逃れるなどの対処をとります。

　しかし，その状況が本当に危機的でない場合，このようにその場を避けてしまう行動は逆効果となり，逃げてしまった状況がますます苦手になってしまいます。これから人前で発表しなければならないとき，多くの人は不安や緊張を感じます。「人前で発表するなんて自分には無理だ」と考えて，発表を辞退したり誰かに代わってもらったりすると，そのときは落ち着いたとしても，人前で発表するという状況はますます苦手になってしまうでしょう。
　このようなとき，不安を感じながらも発表を続けていると，不安や緊張は徐々に和らいでいきます。つまり，不安を感じながらもその場にとどまると，図のように時間とともに不安は必ず下がっていくのです。
　多くの人が避けずにいられる場面であなたが強い不安を感じているとすれば，そのままとどまることが不安や緊張を和らげるもっとも良い対処となります。そうして，不安を感じつつもその場にとどまり，そのうち不安が下がってくるということを何度も身をもって経験す

ると、「今まで苦手だったけど、これからはもう大丈夫」と納得できるようになるのです。

　実験中に強い不安が襲ってきて、途中で実験をやめたくなったら、"リラクセイション"を試してみてください。リラクセイションは、筋肉の緊張を緩めたり腹式呼吸をしたりすることで、不安や緊張を和らげる有効な対処法です。リラクセイションを普段から実践することで、ストレスへの抵抗力も高まります。自分で簡単に取り組めるリラクセイションは、"ストレス社会を乗り切る4つの裏ワザ──不安や緊張を和らげる技（101頁）で紹介していますので、練習してみてください。

【コーピングカードを作る】
　せっかく考えた対処法も、実際にトラブルが起こるとそちらに気をとられて忘れてしまうことがあります。そうしたことを防ぐために、"コーピングカード"を準備しておくとよいでしょう。コーピングとは"対処"という意味で、困ったときの対処法を書き記した小さなカードのことです。

　「カード」と述べていますが、持ち歩くことができれば対処法を書き込む道具はなんでもかまいません。トラブルへの対処法を考えたら、それをその辺にあるメモ帳や名刺の裏などに書き込んだり、携帯電話のメモ機能に打ち込んだりして持ち歩きましょう。コーピングカードを身につけておくと、実験中にトラブルが起きて頭がいっぱいになっても、あなたが事前に考えた対処法を思い出すことを助けてくれます。

　コーピングカードは、実験中に浮かんでくる自動思考にも対処することができます。実験中に浮かんできそうな自動思考を予想できたら、これまで取り組んだ"考えの幅を広げる技"を応用して、あなたを落ち着かせてくれる考えをみつけ出してください。あなたを落ち着かせてくれる考えをコーピングカードに書き込み、それを持ち歩くようにします。たとえば、たくさんの人で混雑した状況にいるとパニックに陥ると信じてきた人が、そうした状況に挑戦する行動実験を試した場合を考えてみます。「人ごみのなかにいると、気分がどんどん悪くなってパニックになる」という自動思考が実験中に浮かびそうだと予想したので、「ここで逃げ出したら、今までと同じ。人ごみのなかにい続けてもパニックにならないことを、身をもって体験しよう」と書いたコーピングカードを準備しておき、実際に嫌な考えが浮かん

嫌な考えがグルグルしたら

①輪ゴムを手に巻いておき、嫌な考えが浮かんだらゴムをパチンとさせる。
②「これについては、今夜みつめなおし日記を使ってじっくり考えよう」と自分に約束する。

嫌な考えが頭のなかを
グルグルするときのコーピングカード

イライラして怒鳴りそうになったら

①ゆっくりと深呼吸しながら、呼吸の回数を10回数える。
②それでも治まらなかったら、その場を離れて肩上げ体操を気分が落ちつくまでやってみる。

イライラしたときのコーピングカード

だ際にみるようにすると，実験からドロップアウトするのを防ぐことができます。

⑥実験に取り組む

　これまでの準備が整ったあなたは，実験を始められる段階になったことでしょう。さぁ，これから実験にとりかかりましょう。そのまえに，あなたが行動実験ワークシートに書いたことをもう一度見直してみましょう。

　実験する内容が難しすぎたりしませんか？　実験することは具体的に書き出せていますか？　**実験方法を，目を閉じて具体的にイメージできたら大丈夫です。**実験中に起こりそうなトラブルへの対処法は，しっかりと書き出せていますか？　実験中にトラブルが起こった際，対処法を思い出す自信がなければ，今のうちにコーピングカードを作っておきましょう。

　以上のことをチェックし終えたら，いよいよ本番です。これまでにしっかりと準備を行ってきたので，気を楽にして取り組みましょう。

　「ちゃんと決めたとおりに言えるかなぁ」などと，方法どおりに進める自信がもう一歩必要な場合は，実際に始めるまえに何度か練習してみるとよいかもしれません。役者が本番前にリハーサルを行うように，自分で考えた方法を頭の中でイメージしてみたり実際に練習してみたりしましょう。リハーサルが終わると，「結果はどうであれ，トラブルへの備えもしたし，リハーサルもしたし，まずはやってみよう」と心の中でゆったりとつぶやいて，実験にとりかかってください。

　行動実験で目指すのは，実際に行動で試してみることによって，みつめなおし日記でみつけた新たな考えやあなたを嫌な気分にさせた自動思考が現実的なものであったかどうかを確かめることです。他者からの良い反応を求めたり状況を良い方向に変えたりすることが目的ではありません。実験ですから，計画どおり最後まで取り組めたら，それで十分合格です。

⑦実験結果をまとめよう

　実験を実際に行ってみていかがでしたか？　実験を行ってみて，どのような結果が得られたか，行動実験ワークシートの"⑥実験結果のまとめ"に書き出してみましょう。ここでは，あなたの主観的な評価を書くのではなく，どのような結果が得られたか，事実を客観的に述べるように心がけてください。主観的評価と客観的事実の違いは，57 ページに詳しく書いています。

　まず，実験結果をおおまかにとらえてみましょう。実験によってどのような結果になったか，シートに書き込んでみます。人ごみのなかを歩いてみる実験を行った人は，周りからジロジロ見られたり，あなたを指さして笑われたりしましたか？　同僚を飲みに誘ってみる実験を行った人は，誘ってみた結果相手は誘いに応じてくれましたか？　あなたの行動によって，どのような変化が身の回りで起こったか，"実験をしてみて，どんなことが起こりまし

た か？"の欄に具体的に書き出してみましょう。

　つぎに，実験結果を細かくみていきます。
　あなた自身に目を向けてください。実験してみたあと，どんな気分でしたか？　爽快な気分，達成感，ドキドキしたなど，あなたが感じた気分をひとことで表してみましょう。体の感じはどうでしたか？　力が抜けた感じでしょうか。体が軽くなった感じでしょうか。
　他人を交えた実験をしてみた人は，実験を行ってみて，相手の反応はいかがでしたか？　相手の発言や態度を具体的に書き出してみましょう。相手の発言は，あなたの主観的な評価を交えず，相手の言った通りに書き込むようにしてください。
　また，相手の態度は，相手が実際に行った行動を書くようにします。ここで，「バカにしたような顔をした」とか，「私を気持ち悪いものでもみるように見た」などと，相手の表情や視線に言及する人がいます。しかし，私たちは他人の表情や視線から，相手の考えていることを読むのは不可能です。「バカにしたような顔をした」と判断したとき，それは相手がこちらをバカにしているのではなく，こちらが「バカにしたような顔をしている」と考えたにすぎません。相手の表情や視線についての言及は，私たちの主観的な評価が紛れ込みやすいので，"笑顔"などはっきりとわかる表情以外は書き込まないでください。

⑧実験を通してわかったことを振り返ろう

　行動実験は，いよいよ最終段階です。行動実験ワークシートを振り返り，あなたが試してみた考えを検証してみましょう。あなたが事前に考えた予測を，もう一度見直してみてください。実験結果は，あなたの予測通りでしたか？　あるいは違っていましたか？　実験を通してあなたが気づいたことや感じたことを，行動実験ワークシートの"⑦実験を通してわかったこと"に書き出しましょう。

　たとえば，ある人が「○○さんから嫌われている」という考えを，「金曜日に，おいしいお酒のある居酒屋に，○○さんを誘う」ということで試してみました。その結果，「俺も近いうち君を誘おうと思っていたんだよ。けど，君もプロジェクトを任されて忙しそうだから躊躇していたんだ」と相手から言われると，「○○さんは自分を嫌っている」というのは，自分の思い込みだったと気づけますね。予測と実験結果を見比べてみて，あなたの試した考えが現実的であったかどうか，検証してみましょう。

　最後に，行動実験ワークシートの①に記入した"試してみたい考え"の確信度が，実験によってどのように変化したかをチェックしてみましょう。①と同じ要領で，あなたが試してみたい考えの現在の確信度を0から100％で評価してください。
　そして，以前と今の確信度を比べてみます。みつめなおし日記でみつけた新たな考えの確信度が少しでも上がっていたら，新たな考えは現実的であったということです。また，ネガ

ティブな自動思考を試してみた人は，自動思考に対する確信度が少しでも下がっていたら，あなたを苦しめた自動思考は必ずしも現実的ではなかったということです。

　自動思考を試してみて，「やっぱり私の予測していた通りの悪い結果だった」と考えた人，新たな考えを試したけど「う〜ん，思ったのとは違っていた」と考えた人も，なかにはいると思います。がっくりされる前に，思い出してください。これはあくまでも実験であることを，この章のはじめにお話しました。うまくいかなかった考えのひとつが解ったということは，大きな一歩なのです。トーマス・エジソンの名言にも「実験において失敗など1度たりともしていない。この方法ではうまくいかないということを発見したのだ」とあります。

　たとえ行動実験によって良くない結果が出たとしても，実験だから構わないのです。今回の実験を通して，仮に悪い予測が当たってしまったら，次からそのような状況でどのように対処すればよいかを考えてみてください。「私が好きなことをすると，相手は私を詮索したり押さえつけようとしたりするだろう」という考えが実験によって現実的だったとわかれば，どのような解決策を考えますか？　あなたの気持ちを，相手にしっかりと伝えることが大事な場合もあります。一人で対処できないと思えば，協力してくれる誰かに相談してみるのもよいでしょう。相手に邪魔されないように好きなことをするにはどうすればよいかと考えてみることもできます。

　なんとしても考えを変えることに固執する必要はありません。ですが，このように本当につらい状況であっても，それを解決するための手段を考えるうえで，いろんな考えができるに越したことはありません。

　状況に応じて，あなたのなかの考えをみつめなおしてみたり，問題を解決するために実際に動いてみたり，あなたのペースでよいのでしなやかに取り組んでみてください。

❖ 身近なケースでみてみよう

①会社員の山内さんの場合

　山内さんの行動実験をみてみましょう。
　4月から新しい職場に移ったのですが，元々の仕事熱心さと生真面目さが後押しして，普段から仕事に打ち込んでいます。
　一方で，このようにがんばりすぎてしまうのは，「手を抜いたら，仕事がますます回らなくなり，周囲は俺のことを『仕事ができない奴だ』と評価するだろう」という自動思考が浮かんでいるからだと，みつめなおし日記を書いて気づきました。
　さて，山内さんはこの自動思考が現実的かどうかを行動実験で検証してみようと考えました。
　行動実験シートを用いて，計画を立て始めました。
　まず，"①試してみたい考え"です。山内さんは，「手を抜いたら，仕事がますます回らな

行動実験ワークシート

①試してみたい考えは？　その確信度は何％？
・[手を抜くと、仕事がますます回らなくなる] … 95 ％

②どんな方法で実験を進める？

- いつ？ 来週から1週間
- どこで？ 職場
- だれと？

1週間、終業時間がくれば、その時間で仕事をやめて、会社を出る。

③予測（②をするとどんなことが起こると思う？）
提出しなければならない報告書や稟議書がほとんど手つかずのまま残ってしまう。仕上がっていない業務リストをみて途方に暮れる。上司から、「まだ終わっていないのか」と叱責を受ける。

④実験中に考えられるトラブル
大事な仕事を処理できず、職場に迷惑をかける。
そうならないよう、いつものように終業後も会社に残って残業してしまう。
帰宅後も、仕事のことが気になってあれこれと嫌な自動思考が浮かぶ。

⑤トラブルへの対処法
・大事な仕事→仕事の優先順位リスト作成と、それに従って処理。新たな仕事は、その都度かまとめてかを判断。忘れないようにコーピングカードを利用。・残業→終業時間がくればパソコンの電源を切り、タイムカードをただちに押す。・自動思考→好きな小説の読書。嫌な自動思考が浮かんだら、"今までがんばったご褒美として、1週間後の休暇をあげよう"と考える。

⑥実験結果のまとめ

・実験をしてみて、どんなことが起こりましたか？
提出が求められる書類は8割方作成し終えた。小さな雑用がいくつか残っているが、重要な仕事はまったく手つかずではない。気になっていた小説を読んだり、試したかった酒を飲むことができた。

・実験したあとの気分はどうでしたか？　　スッキリした。
・実験したあとの体の感じはどうでしたか？　疲れがあまりたまっていない。
・相手はどのような反応でしたか？（発言や態度はどうでしたか？）
　上司から、目立った叱責は受けなかった。

⑦実験を通してわかったこと
いつも時間に追われるようにがんばり続けなくても、仕事がまったく回らないわけではない。仕事に精を出すばかりじゃなく、自分の時間をじっくり味わってみるのもいいものだ。

・①の試してみたい考えの確信度はどの程度ですか？　　20 ％

山内さんの行動実験ワークシート

くなり，周囲は俺のことを『仕事ができない奴だ』と評価するだろう」という自動思考が気になっていました。しかし，この考えには「手を抜くと，仕事がますます回らなくなる」という考えと，「そうなると，周囲は俺のことを『仕事ができない奴だ』と評価する」という考えの2つが紛れ込んでいることに気づきました。

　試してみたい考えはひとつに絞った方がよいことを思い出した山内さんは，「手を抜くと仕事がますます回らなくなる」という考えを試してみることにしました。山内さんは，この考えの確信度を95％としました。

　つぎに，どんな方法で実験を進めてみるかを考えてみました。この考えが現実的かどうか試してみるためには，適度に手を抜く必要があります。

　山内さんは，毎日遅くまで残業をしていました。そこで，1週間だけ残業をやめてみることにしました。山内さんの考えた実験はこうです。1週間，終業時間が来れば，その時間で仕事をやめて会社を出る。

　そんなことは，ここしばらくしたことがなかったので，仕事がたまって大変なことになると思いました。

　予測は具体的にたてた方がよいので，仕事がどの程度たまってどのように大変なことになるかを考えてみました。そして，「提出しなければならない報告書や稟議書がほとんど手つかずのまま残ってしまう。自分は仕上がっていない業務リストをみて途方に暮れる。上司から，『まだ終わっていないのか』と叱責を受ける」という予測をたてました。

　それから，実験中に起こりそうなトラブルを想像してみました。

　まず，大事な仕事を処理できず職場に迷惑をかけてしまうというトラブルが浮かびました。また，そうなってはいけないからと，いつものように終業後も会社に残って残業をしてしまい，自動思考が現実的かどうか検証できなくなる可能性があると考えました。また，帰宅後も仕事のことが気になって，あれこれと嫌な自動思考が浮かんでくるかもしれないと思いました。

　さて，大事な仕事を処理できず職場に迷惑をかけるというトラブルについて，日中の勤務時間に重要な仕事を処理できるように，仕事の優先順位をつけたリストを作成し，それにしたがって仕事をこなすことにしました。また，新たな仕事について，その都度こなした方がよいか，まとめて処理した方が効率的か考えるようにしました。そこで，請求書作成など，同じフォーマットで処理できるような仕事は，以前のようにその都度ではなく，あとでまとめて処理することにしました。これを忘れないように，「『その都度』と『まとめて』を区別する。請求書作成とメールの確認はまとめて処理する」と書いたコーピングカードを，パソコンに貼っておくことにしました。

いつものように残業してしまうというトラブルについては，終業時間がくればパソコンの電源をすぐに切り，タイムカードをただちに押しに行くことで対処しようと考えました。

帰宅後に浮かんできそうな嫌な自動思考への対処としては，好きな小説をじっくりと読むことで乗り切ろうと考えました。もし，読書の最中に自動思考が頭をグルグルし始めたら，「今までがんばったご褒美として，1週間夜の休暇を自分にあげよう」と考えることにしました。

さて，ここまできていよいよ実験開始です。山内さんは，なんとか1週間決めたとおりの実験を行ってみました。

実験を終えてみて，結果をまとめてみることにしました。

まず，全体の実験結果については，提出が求められる書類は8割方作成し終えており，小さな雑用はいくつか残っているものの重要な仕事がまったく手つかずではないという結果となりました。また，残業をやめていた1週間に，気になっていた小説を読んだり，試してみたいお酒を飲めたりしました。

つぎに，実験を終えたあとの自分に目を向けてみると，気分は意外とスッキリしていることに気づきました。また，1週間残業をせずに帰宅したことにより，体の疲れがあまりたまっていないことにも気づきました。

一方，今回は特に誰か他人を交えた実験というわけではありませんでしたが，事前にたてた予測では「上司から叱責される」と考えていました。ところが，1週間の間仕事のことで上司から目立った叱責を受けたことはありませんでした。

最後に，実験からわかったことを振り返ってみました。最初に考えた予測は，書類がほとんど手つかずのまま残り，仕上がっていない業務リストをみて途方に暮れている自分がいることでした。ところが，実際はまとめに書いたように書類は8割方作成し終え，途方に暮れるどころかスッキリした気分でいられる自分がいます。また，上司から仕事に対する目立った叱責を受けたわけでもありませんでした。

今回試してみた「手を抜くと仕事がますます回らなくなる」という考えは，必ずしも現実的ではないことが，実験結果から理解できました。また，手を抜くといっても仕事をまったくしなかったわけではなく，優先順位をつけるなどいろいろと工夫をして業務時間に処理するように心がけました。

山内さんは，仲良くなりやすいユガミンに"シロクロン"がいたことを思い出しました。「手を抜くと仕事が回らない」と考えたとき，「仕事をするかしないか」という100か0かで自分の働き方をとらえすぎていたのかもしれないと思うことができました。そこで，「いつも時間に追われるようにがんばり続けなくても，仕事がまったく回らないわけではない」と思えました。

また，残業する代わりに自分の時間を楽しめたことから，「仕事に精を出すばかりじゃなく，こうやって自分の時間をじっくり味わってみるのもいいものだ」と新たな考えが浮かびまし

た。

　最終的に,「手を抜くと仕事がますます回らなくなる」という自動思考の確信度は,20%程度に落ち着きました。

　②大学生の鈴木さんの場合
　鈴木さんは,もともと内向的な性格で「クラスメイトから嫌われているかも」と思うと,自分から友達に話しかけることがなかなかできずにいました。
　鈴木さんは,先週大学の近くにできたイタリアンレストランをみつけました。ランチの値段も手頃だし,ネットのクチコミ情報も上々なのがわかったので,イタリア料理の好きな大学のクラスメイトの渡辺さんをランチに誘いたいなと思っていました。しかし,「誘うと,相手から嫌な顔されるだろう」,「いろいろと理由をつけて断られるだろう」という自動思考が浮かんで,誘えずにいました。
　そこで,このテーマで自分が気になっている考えについて,行動実験を行なってみることにしました。"①試してみたい考え"に,「クラスメイトから嫌われている」と書き出しました。確信度は,90%としました。

　つぎに,実験を行う日は,講義が午前中で終わる"水曜日"が誘いやすいかなと考えました。誘う場所は"大学の講義室"で,相手は"渡辺さん"と書きました。その状況で,「大学近くに新しくできたイタリアンレストランのランチを一緒に食べに行かない？」と誘ってみることを,実験方法として考えました。

　鈴木さんは,渡辺さんをランチに誘うと,きっと嫌な顔をされて断られると思いました。このとき,「嫌な顔」というのが少し抽象的で自分の主観が入っていると思った鈴木さんは,「険しい顔で私の誘いを断る」と"③予測"に埋めました。

　ここまで書き進めてみて,「渡辺さんに話しかける」ことを考えただけで胸がドキドキと緊張してきました。普段,発言することもほとんどないため,「きっと実験中も今以上にドキドキするんだろうなぁ」と思いました。
　そこで,鈴木さんは「ドキドキするとどんなことが起こるんだろう？」と考えてみました。「声が震えちゃうかも。そして,そんな震えた声で話しかけても,渡辺さんは振り向いてくれないかもしれない」と思いました。"④実験中に考えられるトラブル"に,「緊張して声が震える」と「呼びかけても渡辺さんが振り向いてくれない」と書き込みました。

　"⑤トラブルへの対処法"という項目を見て,鈴木さんは「対処法なんてあるのかな？」と思いました。もう一度,この本を読み直してみると"コーピングカード"があることを思い出しました。「人に話しかけるときに,緊張しそうな私にも使えるかもしれない」と思い,

行動実験ワークシート

①試してみたい考えは？ その確信度は何％？
・［ クラスメイトから嫌われている ］… 90 ％

②どんな方法で実験を進める？

いつ？　　水曜日
どこで？　大学の講義室
だれと？　渡辺さん

水曜日の講義が終わった後に、渡辺さんに「大学近くに新しくできたイタリアンレストランのランチを一緒に食べに行かない？」と誘う。

③予測（②をするとどんなことが起こると思う？）
渡辺さんは、険しい顔をして私の誘いを断る。

④実験中に考えられるトラブル
緊張して声が震える。
声が震えて、渡辺さんに呼びかけても振り向いてくれない。

⑤トラブルへの対処法
・緊張して声が震える→肩上げ体操を2回する（「誘いかけるまえに、肩上げ体操を2回する」と書いたコーピングカードを持っていく）
・声が震えて、渡辺さんに話しかけても振り向いてくれない→目を合わせたタイミングで、話しかけてみる

⑥実験結果のまとめ
・実験をしてみて、どんなことが起こりましたか？
今日はランチすることはできなかったけど、金曜日にランチの約束をしてくれた。

・実験したあとの気分はどうでしたか？　嬉しい
・実験したあとの体の感じはどうでしたか？　心地よく、温まる感じ
・相手はどのような反応でしたか？（発言や態度はどうでしたか？）
別の曜日でのランチと、その後のお茶を提案してくれた。
渡辺さんの表情は笑顔だった。

⑦実験を通してわかったこと
私のことを嫌いな人もいるだろうけど、クラスメイトみんなから嫌われているわけではない

・①の試してみたい考えの確信度はどの程度ですか？　40 ％

鈴木さんの行動実験ワークシート

コーピングカードを作ることにしました。

　緊張したときの対処として"リラクセイション"で紹介していた肩上げ体操が使えそうだと思ったので，鈴木さんは肩上げ体操を試してみました。すると1回目は効果がよくわからなかったのですが，2回目は肩を中心に首や手の先，背中まで力が抜け，体が温かくなりました。肩上げ体操も練習を重ねるとうまくなるのかなぁと思い，気がついたときに行なってみることにしました。そして，コーピングカードに「誘いかけるまえに，肩上げ体操を2回する」と書き込みました。

　また，「呼びかけても渡辺さんが振り向いてくれない」への対処法としては，「渡辺さんと目をあわせたタイミングで，話しかけてみる」と書き出しました。

　鈴木さんは，行動実験ワークシートを書いてから水曜日まで，思い立ったときに肩上げ体操の練習をし，余分な緊張をかなり緩められるようになりました。また，渡辺さんに声をかけてランチに誘っている状況を頭の中でイメージして，何度かリハーサルを行いました。

　実験当日です。水曜日の講義終了後に，コーピングカードを見直して肩上げ体操を2回行ったあと，渡辺さんに「大学近くに新しくできたイタリアンレストランのランチを一緒に食べに行かない？」と誘ってみました。

　渡辺さんは，「知ってる，そのレストラン！　私も行きたいと思っていたの！　でも，今日はこれからサークルの打ち合わせが入っているから行けないわ。ごめんね。今日以外ならいつでも大丈夫だけど，鈴木さんはいつが大丈夫？」と言いながら，スケジュール帳を広げました。鈴木さんもスケジュールを確認し，お互いが都合の合う金曜日を選びました。渡辺さんは「誘ってくれてありがとう。そのあと時間があったら私の知っている所でお茶しない？」と言ってくれました。

　家に帰ってから，鈴木さんは行動実験ワークシートの"⑥実験結果のまとめ"に今日のことを書き出しました。"実験をしてみてどうなりましたか？"では，「今日ランチにいくことはできなかったけど，金曜日にランチの約束をしてくれた」と書きました。

　気分は，今日ランチに一緒に行けないことは残念だったけど，日を改めて行けることになったので，"嬉しい"と書きました。体の感じは，誘ってみたあと体全体が心地よい程度の温かさを感じたので，それを書きました。

　"相手はどのような反応でしたか？"には，渡辺さんの話したことを思い出し，それを要約して書き込みました。また，険しい顔で応じてくると思ったら，渡辺さんの表情は笑顔だったので，それも書き込みました。

　最後に，実験からわかったことを振り返ってみました。鈴木さんが事前にたてた予測は，「渡辺さんは険しい顔で私の誘いを断る」でした。しかし実際は，当日の誘いは彼女の予定で無理だったものの，別の日にランチの約束をしてくれました。また，険しい顔ではなく，笑

顔で話をしてくれました。試してみた「クラスメイトから嫌われている」という考えは，今日の実験から，根拠がなく飛躍しすぎていることがわかりました。私のことが嫌いだったら，ランチの誘いにも応じてくれないだろうと考えたからです。そのため，「私のことを嫌いな人もいるだろうけど，クラスメイトみんなから嫌われているわけではない」と新たに思えました。

実験結果より，「クラスメイトから嫌われている」という考えの確信度も90％より低いと感じ，40％と書き込みました。

③主婦の田中さんの場合

田中さんは，夫と2人の娘と暮らしています。長女は，地元で有名な公立高校に進学したのですが，中学3年の次女は成績が平均程度で，高校受験に向けて熱心に勉強する様子もなく，最近は帰りも遅く門限も守らないことがあることが気になっていました。

田中さんは，みつめなおし日記で取り上げた「多くのテストで平均点をとっているってことは，次女なりにがんばったかもしれないのに，悪かったテストや高校受験のことを私が一方的に責めたり問いただしたりしたから，耐えきれなくて外に出て行ったのかもしれない」という新たな考えを試してみたいと思いました。そこで，この新たな考えを"①試してみたい考え"に書き出しました。この考えの確信度は，みつめなおし日記の7つの質問に答えたせいか比較的高いように思えたので60％としました。

実験方法として，田中さんはみつめなおし日記の7つの質問のうちの"この考えから解放されるために何をすればよい？"でみつけた「今まで怒ってばかりだった自分を率直に謝り，前回の中間テストで多くの科目で平均点をとれたことを褒める」を実践したいと思いました。そこで，実験を行う状況として，"次女の帰宅後""家のリビング""次女"と書き入れました。

田中さんは，どんなふうに実験を進めたらよいかをイメージしてみました。きっと次女は不機嫌な顔で帰宅すると考えたので，まずはいつものように「お帰りなさい」と玄関で出迎えようと思いました。次に，「外は寒かったでしょ。お茶を入れたから一緒に飲まない？」と誘ってみようと思いました。そして，娘がリビングに入って一息ついたところで，「今まで勉強のことであなたに怒ってばかりでごめんなさい。あなたが中間テストでほとんどの科目で平均点をとったってことは，あなた自身がよくがんばったってことだよね」と伝えようと考え，実験方法に書き出しました。

田中さんは，行動実験ワークシートの"③予測"を見ながら，次女がどんな反応をするかを考えてみました。そして，「帰宅後は不機嫌だけど，お茶に誘われたら無視はしないだろうな。私が謝ったあとは，そっけない態度をとるかなぁ」という予測を考えました。

田中さんは，実験中にどんなトラブルが起こるか考えてみて，「次女の怒りが納まらず，

ステップ4：行動で試してみよう

行動実験ワークシート

①試してみたい考えは？　その確信度は何％？
・「次女なりにがんばったかもしれないのに、私が一方的に責めたり問いただし……　60％
たから、耐えきれなくて出ていったのかもしれない」

②どんな方法で実験を進める？

いつ？　次女の帰宅後
どこで？　家のリビング
だれと？　次女

次女が帰宅→「お帰りなさい」と玄関で出迎える→「外は寒かったでしょ。お茶を入れたから一緒に飲まない？」→次女がリビングで一息ついたら「今まで勉強のことであなたに怒ってばかりでごめんなさい。あなたが中間テストでほとんどの科目で平均点をとったってことは、あなた自身がよくがんばったってことだよね」と伝える。

③予測（②をするとどんなことが起こると思う？）
次女は不機嫌だが、お茶に誘われたら無視しないと思う。謝っても素っ気ない態度をとる。

④実験中に考えられるトラブル
・次女の怒りが収まらず、無視してそのまま自室に閉じこもってしまう。
・「どうせお母さんは、私のことわかっていない」と怒鳴る。

⑤トラブルへの対処法
・自室に閉じこもってしまう→携帯メールで②の台詞を送信する。
・次女が怒鳴る→「今まで怒ってばかりの対応が悪かった」と謝る。

⑥実験結果のまとめ
・実験をしてみて、どんなことが起こりましたか？
次女の帰宅が遅いことや反応がそっけないこと等怒りたくなる場面がいくつかあったが、怒らずに次女にこれまでの自分の対応を謝り、次女のがんばりを褒めてあげることができた。次女は、そうした対応を拒否しなかったけど、特に発言はなく部屋に戻った。
・実験したあとの気分はどうでしたか？　少し寂しかった
・実験したあとの体の感じはどうでしたか？
・相手はどのような反応でしたか？（発言や態度はどうでしたか？）
帰宅後はびっくりした様子だったが、誘いかけに応じてリビングに入った。私の話は聞いてくれたが、特にそれへの返事はなく、自室に戻った。

⑦実験を通してわかったこと
予測と近い結果でコメントがなかったことは寂しかった。しかし、次女は全く無視したわけではなく、誘いかけに応じてリビングに入って話を聞いてくれた。これからも、次女の良い面に注目して「あなたはどう思う？」と考えを聞くように関わっていこうと思う。
・①の試してみたい考えの確信度はどの程度ですか？　　60　％

田中さんの行動実験ワークシート

無視してそのまま自室に閉じこもってしまう」と「『どうせお母さんは，私のことわかってない』と怒鳴る」の2つが考えられました。これら2つを，"④実験中に考えられるトラブル"に書き出しました。

　田中さんは，トラブルは起こって欲しくないなぁと思いつつ，対処法を考えずにその場であたふたしてしまうより，今のうちにどうやって乗り切るかに頭を働かせてみました。
　「自室に閉じこもってしまう」トラブルに対しては，「携帯メールを使って，言おうと考えていたことを伝える」という対処を考えました。一方，「次女が怒鳴る」ことに対しては，今まで次女の話を十分に聞かず，怒ってばかりの対応を素直に謝ることを，対処法として挙げました。

　田中さんは，行動実験ワークシートの全体を見直し，無理をし過ぎていないかを確かめました。考えたトラブルへの対処法もイメージできたので，次女の帰りを待ちました。
　次女が，帰って来ました。帰宅時間は田中さんが考えていたよりも遅いものでした。しかし，今回の田中さんは，次女を責めるのではなく，自分が先ほど考えた実験のプランを実行に移そうと頭を切り替えました。
　「お帰りなさい」と玄関で出迎えると，次女は一瞬ビックリした表情をしましたが，すぐにうつむき「ただいま」とぼそっと言いました。田中さんは，「外は寒かったでしょ。お茶を入れたから一緒に飲まない？」と誘ってみると，次女は「うん」とそっけない返事をしたあと，リビングのソファーに座りました。
　次女にお茶を出して自分も一口飲んだあと，「今まで勉強のことであなたに怒ってばかりでごめんなさい。あなたが中間テストでほとんどの科目で平均点をとったってことは，あなた自身がよくがんばったってことだよね」と伝えました。
　すると，次女はそっけなく「もう上がってもいい？」と言って，お茶を飲み終えるとそのまま自室のある2階に上がってしまいました。

　翌日，田中さんは昨晩のことを"⑥実験結果のまとめ"に書き出しました。まず，「実験をしてみて，次女の帰宅が遅いことや反応がそっけないことなど，怒りたくなる場面がいくつかあったが，怒らずに次女にこれまでの自分の対応を謝り，次女のがんばりを褒めてあげることができた。次女は，私のそうした対応を拒否しなかったが，特にそれについての発言はなく部屋に戻った」と，全体の結果を書きました。
　実験後の気分は，「少し寂しかった」と思ったので，そう書きました。また，体の感じは，特になかったので空白にしておきました。
　相手の反応には，「帰宅後はびっくりした様子だったが，リビングルームに入ってきた。私の話を聞いてくれたが，特にそれへの返事はなく，自室に戻った」とまとめました。

田中さんは、事前にたてた予測と実験結果を見比べてみて、予測に近い結果になったと思いました。自分の謝罪や称賛に対して、次女からのコメントが特になかったことを寂しく思いました。しかし、こちらの関わりをまったく無視したわけではなく、リビングルームに入って話を聞いてくれたことに注目できました。そして、そのような次女の態度は、中間テストの結果を一緒にみていたときと同じで、最初からこちらの関わりを拒否しているわけではないという共通点があることに気づきました。

　次女の気持ちを聞けなかったので、今回試してみたかった考えが現実的かどうか検証しきれませんでした。しかし、毎回は無理にしても、これからは頭ごなしに怒るのではなく、次女の良い面にも注目するように心がけようと思いました。そして、つぎからは「あなたはどう思う？」と次女の考えを聞いてみるようにしようと考えました。

　これらのことを"⑦実験を通してわかったこと"にまとめ、"①の試してみたい考え"の確信度は60％のままとしました。

❖練習してみよう

　この章で学んだことを、今度はあなたが自分で試してみる番です。これまでの章では、みつめなおし日記を用いて考えの幅を広げる練習を行いました。

　今回は、あなたが現実的かどうか試してみたい考えを、本文に記した行動実験の進め方にしたがって、チャレンジしてみてください。100ページの行動実験ワークシートに、試してみたい考えとそれについての実験内容を考えて書き込んでください。遠見書房のホームページから、行動実験ワークシートをダウンロードして練習してもかまいません。

　繰り返しになりますが、行動実験の目的はあなたが試してみたい考えが現実的かどうかを確かめるものです。良い結果が得られなかったとしても、実験によって考えを検証できればそれで合格です。仮に良い結果が得られなかったとしたら、すでに述べたようにつらい状況にどのように対処すればよいか、解決策を考えて実行してみましょう。

　行動実験を行ってみても、なかなか確信度が変わらない頑固な自動思考があるかもしれません。それはもしかすると、あなたの頭の中に浮かびやすい考えであったりしませんか。

　なかなか確信度が下がらないその考えは、あなたの心の奥にある信念が影響しているかもしれません。そこで、つぎの最終章では、信念に挑戦する方法について学んでいきましょう。

2 やってみよう！ 認知療法トレーニング

行動実験ワークシート

①試してみたい考えは？　その確信度は何％？
・[　　　　　　　　　　　　　　　　　　　　　　　　　　] … 　　％

②どんな方法で実験を進める？

いつ？　　　　　どこで？　　　　　だれと？

③予測　（②をするとどんなことが起こると思う？）

④実験中に考えられるトラブル

⑤トラブルへの対処法

⑥実験結果のまとめ
・実験をしてみて、どんなことが起こりましたか？

・実験したあとの気分はどうでしたか？
・実験したあとの体の感じはどうでしたか？
・相手はどのような反応でしたか？（発言や態度はどうでしたか？）

⑦実験を通してわかったこと

・①の試してみたい考えの確信度はどの程度ですか？　　　　　　　　％

行動実験ワークシート

コラム：ストレス社会を乗り切る４つの裏ワザ

（４）不安や緊張を和らげる技

　不安や緊張を自分で和らげる方法に，リラクセイションがあります。リラクセイションは，気持ちを落ち着かせるだけでなく，疲労感を和らげる，集中力を高めるなどの効果も期待できます。また，日頃から取り組むことで，ストレスへの抵抗力を高めてくれます。これから，簡単に取り組めるリラクセイションをお伝えします。

　リラクセイションは，便意や空腹などで気が散りそうなときは避けてください。体をしめつけるもの（ネクタイ，ベルト，腕時計など）は，リラクセイションをするときには緩めておくとよいでしょう。

　リラクセイションを行うときに，「リラックスしなければ」と力（りき）まないようにしてくださいね。そうすると，逆に緊張が強まりリラックスが遠のいてしまいます。その通りにすすめてみて，し終えたあとに心や体がどんな感じがするか，じっくりと味わうような姿勢で取り組んでみてください。

　コツがつかめるまでは，時間と心に余裕のあるときに練習しましょう。慣れてくると，不安や緊張を感じるときなど，嫌な気持ちを和らげたいときに行ってください。

❖動作を通してリラックスする

　動作を通してリラックスする方法として，肩の筋弛緩（きんしかん）を用いたリラクセイションがあります。私たちは，緊張したり不安を感じたりすると体が力んでしまいますが，もっとも力が入りやすい部位が"肩"です。

　がんばりすぎると肩はギュッと緊張しますが，リラックスしていると肩はダラ〜ンとおりています。このことを応用して，肩をわざと緊張させてそれを緩めることで，心地よいリラックス感が味わえます。

　肩の筋弛緩には，簡単にできる２つの体操があります。どこでもできるので，気持ちを落ち着かせる以外に疲れを感じたときなどにも，ぜひ試してみてください。

【肩上げ体操】
肩をゆっくりと上げておろすという簡単な体操です。
①背筋をまっすぐにして座る，または立つ。
　腕を真横におろし，可能であれば目を軽く閉じる。

Column
コラム：ストレス社会を乗り切る4つの裏ワザ

②肩をゆっくりと上がるところまで上げる。
　肩の動きが止まると，その状態での緊張を2，3秒程度感じる。
③肩をゆっくりとおろす（一気にストンとおろした方が気持ちよければ，それでもよい）。
　肩をおろすときの心地よさ，おろしたあとの力の抜けた感じを味わう。

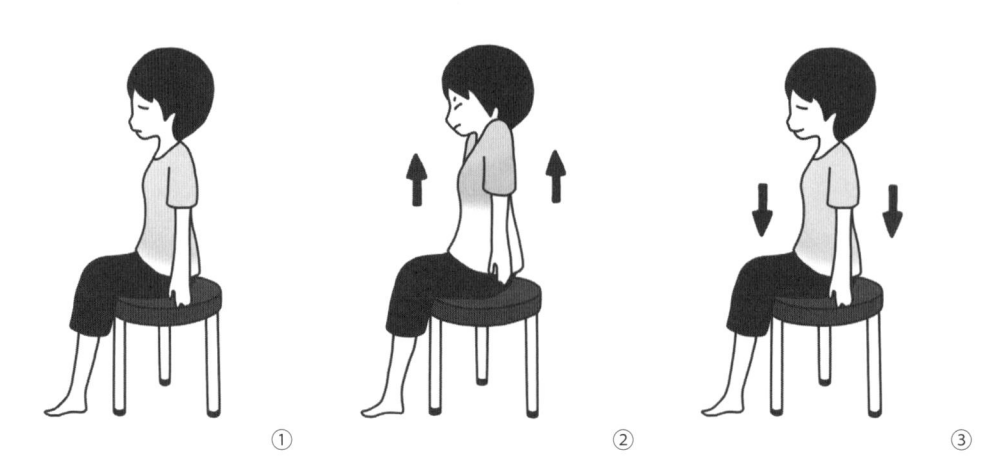

【肩開き体操】
肩をうしろにゆっくりと動かし，前にゆっくりと戻すという簡単な体操です。
①背筋をまっすぐにして座る，または立つ。
　腕を真横におろし，可能であれば目を軽く閉じる。
②肩を少しだけ上げ，そこからうしろにゆっくりと動かす。
　肩の動きが止まると，その状態での緊張を2，3秒程度感じる。
③肩を前にゆっくりと戻す。このとき，フワ〜ッと力が抜けていく心地よさを味わう。
　肩が元の位置に戻ると，肩をおろす。おろしたあとの力の抜けた感じを味わう。

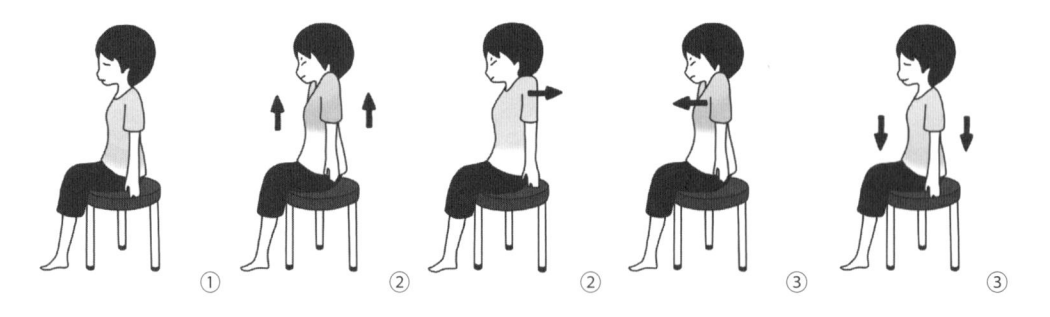

【注意点】
・どちらの体操も，肩以外に力を入れない（腕や肘が突っ張ったら，力を抜く。腰がそったら，おへそをひっこめる。首に力が入ったら，あごを引く）。
・肩に力を入れるときは急いでしようとせず，ゆっくり動かす。
・肩を動かしている最中は，息は自然に行う。

❖呼吸を通してリラックスする

　不安や緊張を感じると，呼吸が浅くて速くなります。そうなると，息苦しくなり，動悸や発汗などの体の変化が起こります。それによって，不安や緊張がますます強まり，息苦しさを解消しようとしてさらに息が速くなる……という悪循環が生まれます。

　不安や緊張を感じたとき，深くてゆっくりした呼吸をおなかですると，少しずつ気持ちが落ち着いてきます。普段とは違う呼吸法なので最初は違和感があるかもしれませんが，練習を重ねるうちにゆったりとしたリラックス感を味わえるようになります。

【リラックス呼吸法】
　鼻から息を吸って口からゆっくりと吐く，おなかを使った呼吸です。
①ゆったりと座る，または仰向けになるなどの楽な姿勢をとる。
②目を軽く閉じる（目を閉じると嫌な感じがする人は，開けたままでもよい）。
③おなかに軽く手をのせる。
④唇を小さく開いて，息を口からゆっくりと吐き出す。
⑤口は閉じたまま，3つ数えながら鼻からゆっくりと息を吸う（おなかが膨らむように）。
⑥吸いきったところで息を止め，1つ数える。
⑦唇を小さく開いて，6つ数えながら口からゆっくりと息を吐き出す（おなかがへこむように）。
⑧「⑤から⑦」をしばらく繰り返す。リラックスした感じがしたら，しばらくそれを味わいながら呼吸法を続ける。その後，自然な呼吸に戻しゆっくりと目を開ける。
　「1，2，3で吸って，4で止めて，5，6，7，8，9，10で吐く」というリズムが基本。

【注意点】
・時間に厳密にこだわる必要はなく，自分が落ち着けるリズムで行ってもよい。
・息を吸う時間よりも吐く時間を長くするのが，リラックスするコツ。
・ろうそくの火を消すときの唇の形にすると，息をゆっくりと長く吐ける。

ステップ5
信念に挑戦しよう

❖残された課題

　考えの幅を広げるワークも、いよいよ最終章です。ここまでたどり着いたみなさんは、嫌な気分をもたらした自動思考をとらえたり、それにくっついているユガミンをみつけたりすることに、だいぶ慣れてきたと思います。これらに気づき、さまざまな角度から自動思考をみつめなおすことで、うつうつとした気分にも次第に晴れ間が見えてきた人もいるでしょう。この本を手にとったときのあなたと、今このページを開いているあなた、思い返して比べてみると、きっとその違いに気づかれるのではないでしょうか。

　でも……。「まだ何か、心のどこかにしこりのようなものが残ってる気がするなぁ」とか、「わかっちゃいるけど、変えられない。何かもうひと押しあれば……」と感じている人もいるかもしれません。

　そこでこの章では、自動思考を生み出すもととなる、ユガミンの親玉ともいうべき"信念"について考えてみようと思います。

❖信念ってなんだろう？

　13頁でも少し紹介しましたが、信念とは、自動思考を生み出すもととなる考えです。いわば、考え方の"ひな形"のようなもので、これまでの人生におけるさまざまな体験を通してじっくりと時間をかけて作り出されます。自分自身や世の中のことをどんな風に眺めて、関わっているのか、行動をするときにどんなルールを知らず知らずのうちに適用しているのか、それらすべての土台といってもよいでしょう。

　信念は、あなたが自分自身や世の中に対して抱いている最も中心的・絶対的で、核となる考え方を表します。「私は○○だ」といった、比較的短い言葉で、スパッとあなた自身の本質を表すような言葉として心の中に存在します。けれども、それはあまりにもあなたにピッタリとくっつきすぎているので、よくよく目を凝らさないと見えにくいものでもあります。まるで空気のように、"あって当然"で、"普段はそのことを気にも留めない"けれど、"無ければにっちもさっちもいかない"、そんなイメージです。

信念には，自動思考と同じように，ポジティブな信念，ネガティブな信念，中立的な信念があります。ポジティブな自動思考が浮かぶときはポジティブな信念が，ネガティブな自動思考が浮かぶときはネガティブな信念が，それぞれ影響を与えているわけです。ネガティブな自動思考が何度も浮かんできたり，行動が萎縮したり窮屈になったりするのは，あなたがネガティブな信念にがんじがらめになっている証拠です。

　このような場合，そのもととなる信念に挑戦することが役に立ちます。ただし，信念に挑戦するといっても，これまであなたがもっていたネガティブな信念を無くすわけではありません。信念は長い間あなたの人生とともに形作られてきたものなので，それ自体を無くそうとすることは現実的ではありません。

　信念に挑戦するとは，自分にとって望ましい信念を生み出し，それを心の中で大きく育てることです。自分に厳しい信念とは別に，自分に優しい信念を新たに作り出し，それを普段の生活のなかで育むことで，ネガティブな信念の影響力を小さくするのです。

❖信念の成長とユガミンの誕生

　次の図を見てください。これは，ユガミンが誕生するまでの流れを示した図です。

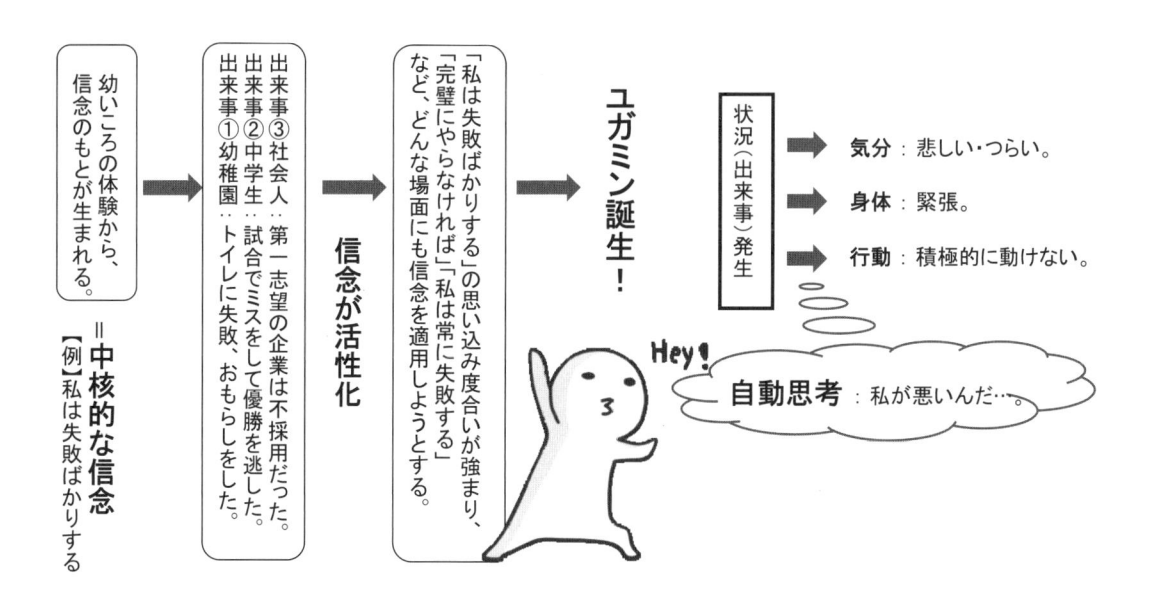

幼いころの体験から，信念のもとが生まれる。
＝中核的な信念
【例】私は失敗ばかりする

→ 出来事①幼稚園…トイレに失敗，おもらしをした。
出来事②中学生…試合でミスをして優勝を逃した。
出来事③社会人…第一志望の企業は不採用だった。

→ 信念が活性化
「私は失敗ばかりする」の思い込み度合いが強まり，「完璧にやらなければ」「私は常に失敗する」など，どんな場面にも信念を適用しようとする。

→ ユガミン誕生！

→ 状況（出来事）発生
気分：悲しい・つらい。
身体：緊張。
行動：積極的に動けない。

Hey！
自動思考：私が悪いんだ…。

　たとえば，ある人が幼い頃に「失敗しちゃった」と考えるような大きな体験を何度かしたとしましょう。自分自身がそう強く感じたのかもしれないし，もしかしたら，身近な人から「おまえは失敗ばっかりだな」と言われたのかもしれません。この頃に，「私は失敗ばかりする」という信念のもとが生まれるわけです。

　さて，そのような失敗体験があったとしても，周りから手助けをしてもらえたり，自分自

身で乗り越えられたりといったプラスの体験があったとすると，そこまで大きなしこりにはならず，「私は失敗ばかりする」という信念として成長することはないかもしれません。

ところが，その後も「幼稚園児のときにトイレで失敗しておもらしをした」，「中学では部活の決勝戦でミスをして優勝を逃してしまい，部のテンションが下がった」，「就職活動が思うようにいかず，あまり希望していなかった企業にしか就職が決まらなかった」などの体験のインパクトが強かったとしたら，どうでしょう？「私は失敗ばかりする」という信念が，どんどん大きくなっていくのは，決して不思議な話ではありませんよね。

さて，そのようにして人生のさまざまな出来事から活性化された信念は，次第にいろんな場面で適用されるようになります。失敗しないように……と気にしすぎるあまり「完璧にやらなければ!!」と考え，シロクロンやベッキーが誕生したり，「私は常に失敗するんだ」と考え，パンカーが誕生したりするわけです。ひとつの信念から複数の異なるユガミンが生まれてくるのも，こういった仕組みからなのです。

ユガミンが生まれてからのことは，みなさんはもうよく知っていますよね。ストレスを感じる状況で，ユガミンがネガティブな自動思考を生み出し，感情，行動，身体に，それぞれ影響が出てくるのです。

❖心の中で信念が当たり前になってしまうわけ

ネガティブな信念は，私たちにとって不都合な場合が多いにもかかわらず，それを手放せないのはなぜなのでしょうか。それには，身の回りの情報の理解の仕方にヒントが隠されています。ネガティブな信念が，心の中で当たり前になってしまうのには，2つの理由があります。

1つ目の理由は，ネガティブな信念と矛盾する情報を，ちゃんとキャッチしていなかったり，過小評価してしまったりすることです。人生，良いこともあれば悪いこともあります。人である以上，どちらもバランスよく経験しているはずなのですが，ネガティブな信念をもっていると，それとは矛盾する情報を正しくとらえられなくなります。たとえば，「私はダメ人間だ」という信念をもっていると，人から褒められるといった信念と矛盾する出来事を経験しても，それに気づくことができにくくなります。

一方，ポジティブな出来事をキャッチできたとしても，それを「当たり前」とか「たいしたことない」などと過小評価してしまいがちです。先ほどの「私はダメ人間だ」という信念だと，何か達成できたとしても「こんなの当たり前だ」とか「もっとがんばるべきだった」

と考えてしまいます。せっかくポジティブな出来事を経験しても,「もっとばんばるべきだった」と考えてしまっては,その体験はネガティブな出来事として歪められてしまいます。

2つ目の理由は,ネガティブな信念を裏づけるような情報に注目しすぎてしまうことです。先ほどの理由と裏返しになりますが,バランスよく経験している諸体験のうち,悪いことにばかり注意が向いてしまうわけです。「私は運のない人間だ」という信念をもっていると,それに見合う出来事にばかり注目してしまいます。それは,職場で同僚が自分よりも先に出世したという大きな出来事から,道路を渡ろうとした瞬間に信号が赤に変って渡れなかったという小さな出来事まで,なんでもありです。

このように,ネガティブな信念と矛盾する情報を正しくキャッチできず,ネガティブな信念を裏づける情報に注目しすぎるような態度で生活している限り,「ネガティブな信念が心の中で当たり前になる」というのは,当たり前ですよね。

そう思うと,「ネガティブな信念なんて,変えようがない」と,暗い気持ちになってしまいそうですが,実はすでに希望がみえているのです。このような情報の理解の仕方がネガティブな信念を強めるのだとすれば,身の回りの情報の理解の仕方を少しでも変えてみればよいわけです。とりあえず,これについてはあとで詳しく述べることにして,ここではネガティブな信念が当たり前になってしまう理由だけ,しっかりと理解しておいてください。

❖信念のみつけ方

信念に挑戦するためには,まず自分の信念に気づくところから始めます。信念はあなたにとって当たり前のものとして心の奥深くになじんでいるので,みつけるのは簡単ではないかもしれません。

けれども,自動思考やユガミンだって,最初はとらえるのが難しかったのに,練習を重ねていくうちに,だんだんそのコツがつかめてきましたよね。ここまで,この本で紹介したワークに取り組んだあなたなら大丈夫。信念にも,みつけ方にコツがあります。これから,信念をみつけるいくつかのコツを紹介します。

①みつめなおし日記を手がかりにみつける

信念のもとは幼い頃に生まれ,過去の出来事によって成長してきたものであると述べました。だからといって,信念を探るために自分の昔々のふる〜い記憶を自力で遡るのは容易ではありません。横道に逸れることもあるでしょうし,何よりたっぷり時間がかかるでしょう。なかには,思い出したくない過去もあるかもしれません。

そのようなことをせず,手っ取り早くできる方法から試してみましょう。これまで書き込んだ「みつめなおし日記」を用意してください。2番目の自動思考の欄を,何枚もじっくり

見直してみましょう。

　日記によく出てくる自動思考はありませんか？　自動思考はそのときの状況に限定された内容が多いのですが，信念はどのような場面にもあてはまります。ですから，日記のなかで何度も登場する自動思考は，あなたの信念である可能性が高いといえるでしょう。それらは，「私は○○だ」とか「世の中（他人）は○○だ」などと，あなた自身や世の中についての評価を端的に表す言葉として表現できるものです。

　または，書きためた数多くの自動思考をさらにみつめなおしてみると，何度も繰り返し現れるテーマや，あなたが知らず知らずのうちに従っている心の中のルールが見えてくるかもしれません。たとえば，「私の言い方がまずくて，相手は気分を害したかもしれない」とか，「相手も忙しいのに，こんなことを尋ねると迷惑だと思われるだろう」など，"相手にどう思われるだろう"ということを気にする自動思考が多いようだと，そこから「すべての人から嫌われてはいけない」という信念が見えてきます。

②下向き矢印法を使ってみつける

　信念をみつけるための方法に，「下向き矢印法」があります。これは，あなたがつかまえた自動思考をスタート地点として，それが何を意味するのかを，次々と自分に尋ねてみることで，信念にたどり着く方法です。自動思考から下向きに矢印を引いて，こうした問いを自分に向けるので，このような名前がついています。

　信念にたどり着くまでの矢印の数は，まちまちです。一つの矢印で信念に到達することもあれば，複数の矢印でやっと信念にたどり着く場合もあります。

【下向き矢印法で用いる質問】
- それが本当だとして，どのような問題があるの？
- それは自分にとって，どのような意味をもつの？
- それは自分について言うと，どういうことなの？
- それは他人について言うと，どういうことなの？
- それは世の中について言うと，どういうことなの？

　下向き矢印法の例を示してみましょう。

【状況】恋人に電話をしたけど，つながらなかった。

【自動思考】なんですぐに電話に出てくれないのだろう。
　　私のことが嫌いになったのかもしれない。

⬇　　「それは恋人について言うと，どういうことなの？」

恋人は私から離れていくかもしれない。

⬇　　「それは自分について言うと，どういうことなの？」

私は恋人なしではやっていけない。

⬇　　「それは自分にとって，どのような意味をもつの？」

私は一人では何もできない。【信念にたどり着く】

【状況】電車に乗っているときに，向かいに座っている人がこちらをみて笑った。
【自動思考】この人は私のことをバカにしているに違いない。

⬇　　「それは自分について言うと，どういうことなの？」

みんなからバカにされるほど私の容姿はダメなんだ。

⬇　　「それは自分にとって，どのような意味をもつの？」

私のことを好いてくれる人はいない。

⬇　　「それは自分について何を意味するのか？」

私には価値がないんだ。【信念にたどり着く】

　信念は短い言葉で表されるものなので，"よくみられる信念"というものが，これまでにもすでにいくつも発見されています。そして，それらはいくつかのカテゴリーに分けられています。代表的な信念を以下に挙げますので，じっくり眺めてみてください。眺めていて心に強くひっかかるものがあったとすれば，それがあなたのネガティブな信念に近いかもしれません。

よくみられるネガティブな信念
- ■「みんな私のことを見捨てるんだ／私のことなんか，どうでもいいんだ」
  - ・自分の存在について，否定的にとらえてしまう信念です。本当は気にかけてもらいたい，助けてもらいたい……けれど，私が何か要求したって無駄なんだ。みんな私から離れて

いくんだし……と誰かに見捨てられることに対する不安な気持ちを強める信念です。

■「みんな私に嘘をつくんだ／私は人からいいように利用されるんだ」
- 疑心暗鬼になりがちで，世の中や他人を信じることを難しくしている信念です。ちょっと他責的，つまり「みんなが悪いんだー！」と怒りっぽくなってしまうのは，この信念が潜んでいるからかもしれません。

■「誰も私のことなんかわかってくれない／私は誰にも期待しない」
- 理解してもらうなんて望めない，だから私も何も期待しない，と孤独感や孤立感を強めてしまう信念です。ひとりぼっちになっていませんか？

■「私は誰からも愛されないんだ／私は嫌われている／私には価値がないんだ」
- 温かな感情のやりとりが難しくなり，愛情や安心感を得ることを難しくしている信念です。自分のことがどうしても好きになれない，そんな気持ちの根っこには，これがあるかもしれませんね。

■「わたしはダメ人間だ／私は無能だ／私は無力だ」
- 自分のことを，能力がなくダメ人間だと感じている信念です。自分のできていること，がんばっていることに目を向けるのが難しくなり，過度な自信の喪失，無力感を抱きやすくなることが特徴です。

　ちょっとネガティブな言葉が並んではいますが，これはだれの心の中にも大小の差こそあれ，存在しているものです。これらの信念があるからといって，必ずしも不適応な状態になるわけではありません。ただ，どの信念をみても，ネガティブであるという以外にかなり極端であることがわかります。こんな極端な信念ばかりがあなたの心を支配して，どんな状況にもこれらが顔を出しているのであれば，気分が滅入ってしまうのは当然のことですし，一歩足を踏み出して行動するのが怖くなるのもまた，うなずけることです。
　そして，「どうせ私にはこんな考えがあるのだから，○○ができなくても当然だわ……」と諦めてしまうと，極端に後ろ向きな生活になるかもしれません。あるいは，「自分にこんな考え方なんてあるはずがない!!」と否定してしまうと，この信念を認めたくないために過度にがんばりすぎて燃え尽きてしまったり，忘れるために何かに依存しすぎてしまったり，心や体がぼろぼろになってしまう……なんていうこともあるかもしれません。
　最初にお伝えしたように，このようなネガティブな信念を無くそうとがんばる必要はありません。代わりに，**あなたにとって気持ちのよい新たな信念を育んであげればよいのです。**そのための方法を，これから紹介します。

❖信念に挑戦しよう

　ユガミンとのおつきあいの方法を変えられたように，信念だって，あなたがより生きやすいものに，世の中とよりよくおつきあいしていくためのものに変えてゆくことができます。幼い頃からずっと一緒にあなたのそばにあるものなので，ちょっと時間はかかるかもしれません。ですが，じっくりと繰り返し挑戦することで，あなたにとって気持ちよい信念を成長させることは可能です。

　まず，"信念のみつけ方"で紹介した方法を参考に，あなたの信念を書き出してみましょう。自動思考と同じように，ひとつだけ信念がみつかることもあれば，複数の信念がみつかることもあります。
　複数の信念がみつかれば，挑戦したい信念をひとつだけ選んでください。そして，その信念は，本当に挑戦した方がよい信念かどうか，じっくり考えてみましょう。たとえば，将来のあなたを想像してみてください。ネガティブな信念のまま生活している1年後のあなたと，それに代わる新たな気持ちよい信念で生活している1年後のあなた，どちらのあなたで日常生活を送っていたいですか。
　ここで，「別に1年後もこのネガティブな信念で生活していても問題ない」と思えるのであれば，あえてこの信念に挑戦する必要はありません。ですが，新たな気持ちよい信念を育んだ方が，生活に張りがでて，人との関係も良くなり，何よりも今以上に自分を好きになれているようであれば，挑戦する価値が十分あります。

　挑戦する信念が決まったら，次の3つの方法で，その信念とは別のあなたにとって気持ちよい信念を育んでください。

①みつめなおし日記を活用する
　信念に挑戦するといっても，真新しいことをしなくても済む場合もあります。あなたがすでに体験済みのこと，みつめなおし日記であなたが考えた「7つの質問」を，信念にも応用すればよいのです。挑戦したい信念に対して，7つの質問すべてに答えを出してみてください。それらに答えると，自動思考のときと同じように新たな信念を作り出すことができます。

　せっかくですので，質問のひとつに新たな視点を加えてみたいと思います。5番目の質問は，「親しい人が同じ考えで苦しんでいたら何と言ってあげる？」でしたね。あなたがなんとかしたい信念を親しい人がもっていて，あなたに相談したとしたら，あなたはその人に何と言ってあげるかという質問です。
　これを，少し逆転させて，「○○さんなら，どのように考えるだろうか？」と考えてみる

のです。○○さんは，あなたの身近な人でもかまいませんし，有名人や小説の主人公などだれであってもかまいません。ただし，ひとつだけ条件がつきます。それは，「あなたが信頼できたり，尊敬できたりする人である」という条件です。私は，ロバート・B・パーカーの『スペンサーシリーズ』が好きです。困ったことがあると，折に触れて「こんなとき，スペンサーならどのように考えるかな」と想像します。「小説の登場人物なんて……」と呆れるかもしれませんが，これが意外と効果があります。ようは，がんじがらめになった考えを柔らかくするきっかけになれば，何でもよいのです。

②これまでと行動を変えてみる

　信念は，私たちの行動にも強い影響を与えます。たとえば，「私はダメ人間だ」という信念をもっていると，自信のないことを避けようとします。そうやって物事を避けてしまうことで，「私はダメ人間だ」という信念が強められてしまいます。「私は嫌われている」という信念をもっていると，人と出会うような場面を避けてしまいます。そうやって人を避ければ避けるほど，「私は嫌われている」という信念は強くなってしまうのです。このように，ネガティブな信念は後ろ向きの行動を促し，その行動はネガティブな信念をさらに強めるという悪循環が生まれてしまいます。

　ネガティブな信念の影響力を小さくして，気持ちよい新たな信念を大きく育むためには，それに見合ったふるまいをしてみる必要があります。つまり，ネガティブな信念なんか信じていないようにふるまう，裏を返すと，新たな気持ちよい信念を信じているかのようにふるまうわけです。そうするとしたら，あなたはどのような行動をしますか？

　たとえば，「私は誰からも好かれなくてはならない」という信念をもっていたとして，「私は誰からも好かれなくてはならないわけではない」（ネガティブな信念の否定）とか「私のことを好きな人もいれば嫌いな人もいる。私は自分を好きでいてあげよう」（新たな気持ちよい信念）と心から信じているとしたら，職場や学校，買い物の最中などの身近な場面でどのようにふるまうでしょうか？　顔の表情や体の姿勢はどんな感じでしょうか？　人と出会ったら，どんな声の大きさでなんと言うでしょうか？

　「自分にそんなことができるだろうか」と思い悩む必要はありません。気持ちよい信念を備えている人を演じてみるのです。役者は，「こんな役柄は自分の性格ではないから，演じられない」と，演技を途中で放棄なんかしませんよね。あなたは，日常生活という舞台の中で，人生という物語を，どのようなストーリーに仕立てあげたいですか？　あなたが育みたい"気持ちよい信念"を，あたかもあなたがもっているかのようにふるまってみましょう。

　そして，あたかも気持ちよい信念を信じ込んでいるかのようにふるまってみると，どんな気分になったり，どんな体の感じがしたか，気分や体の感じに注目してみましょう。慣れないことをしたドキドキはあるかもしれませんが，気持ちよい信念を備えている人としてふる

まうと，これまでに味わったことのない心地よさをわずかでも体験すると思います。そのような経験を少しずつためていくことで，新たな気持ちよい信念があなたのものとなっていくのです。

　気持ちよい信念を備えた人としてふるまってみて，周囲の反応はどうでしょうか？　ネガティブな信念を軸にふるまうときと比べて，あなたに対する周囲の反応に違いはありませんでしたか？　放っておくとネガティブな信念が自らを元気にする情報を拾い出そうとしてしまうので，あなたにとって少しでも良かったことをみつけるようにしてみてください。

　前の章で紹介した行動実験ワークシートを用いて，ネガティブな信念や新たな信念がどの程度現実的かを確かめてみてもよいですね。

③情報の理解の仕方を変えてみる

　ネガティブな信念が心の中で当たり前になってしまうのは，ネガティブな信念と矛盾する情報を正しくキャッチできず，ネガティブな信念を裏づける情報に注目しすぎるような態度で生活してしまうためでした。

　ネガティブな信念をなだめて，新たな気持ちよい信念を育むには，このような情報の理解の仕方を少し変えてみるのも有効です。キーワードは，「ためる」です。

【ネガティブな信念を強める情報をためる】

　まず，あなたが挑戦したいネガティブな信念は，何でしたか？　書き出してみましょう。これまでのワークでもそうでしたが，認知療法では紙に書き出すという作業を大切にします。頭の中で考え込んでしまうと，つい自分の考え方のクセに縛られて悪く考えてしまいがちですが，考えたことを紙に書き出すことによって，距離をおいて自分の問題を眺めることができます。そうすると，自分の考えの極端なところや，それがなぜ自分を苦しめてしまうかといった理解が促されます。

```
【信念】



```

　その信念が力を強めてしまいそうな情報は，何でしょうか？　あなたが普段，知らず知らずのうちに注目してしまう"ネガティブな信念を裏づける情報"を，思い返して書き出してみましょう。といっても，普段何気なく注目してしまうので，すぐにはたくさん思いつかないと思います。

2 やってみよう！ 認知療法トレーニング

　そこで，普段からあなたに影響を与えるネガティブな信念を頭のどこかに置いておいて，その信念を強めてしまう情報に注目するたびに，「これだ！」と紙に書き足していくようにしてください。要するに，ネガティブな信念を強める情報を，紙に「ためて」いくのです。「ためる」と言っても，ネガティブな信念を強める情報は，普段から自然と注目しすぎてしまうため，あなたの心の中にすでにたまっています。ネガティブな信念を強めるどんな情報が，あなたの心の中にたまりやすいかに気づく作業だと思ってください。

　もちろん，これだけでネガティブな信念から解放されるわけではありません。ですが，あなたが普段から無意識に注目してしまうネガティブな信念の"栄養源"に意識を向けてみるだけで，ネガティブな信念に対するあなたの向かい方が少しでも変わる可能性があります。知らず知らずのうちに痛みを感じていたものが，「あぁ，これに注目しちゃうから痛みを感じるんだな」と理解できます。そのような態度が，あなたに余裕をもたらすのです。ネガティブな信念を強める情報にどっぷりつかるのではなく，その情報につかろうとする自分を斜めから眺める態度を養うということです。

　また，ネガティブな信念が活性化するような情報を書きためておくと，次に同じ状況に陥ったとき，その情報に呑まれすぎるのを防いでくれます。次のような場面を想像してください。あなたが乗った客船に，目の前から大きな障害物が接近してきます。ぶつかっても沈没する心配はないのですが，衝撃は相当なものです。ここで，接近してくる障害物に誰も気づかないと，防御態勢をとっていないせいで大けがをしてしまいます。一方，迫ってくる障害物に気づき，「衝撃に備えろー！」と防御態勢をとると，大けがを負うのを避けることができるでしょう。ネガティブな信念を強める，あなたが注目しがちな情報を事前に知っておくことで，それによる衝撃に備えることができるのです。

【信念】
【注目しすぎる情報】

　ここで，ある人の例を紹介します。この人は，「他人は自分に敵意を向けてくる」という信念を，これまで抱えながら生きてきた人です。このような信念を強めてしまう情報，普段の生活でこの人が無意識に注目しすぎていた情報は，次のようなものです。

【信念】 他人は自分に敵意を向けてくる
【注目しすぎる情報】 ・運転中に，後ろから車が接近してきた。 ・会議中に，自分の報告に対して違う意見を同僚が言った。 ・プロジェクトの進捗状況を報告したら，上司から「詰めが甘い」と叱責された。 ・電車に乗っていると，向かいに座っていた人が自分を見ていた。 ・マーケットで買い物していると，客がカートを置いて道を塞いで品物をみていた。 ・駅員に尋ねたら，そっけない態度で応答された。

　ネガティブな信念を強めてしまう情報を書きためたら，そのリストを「その情報（出来事）は，自分だけに起こることなのか」，「その情報（出来事）は，本当にネガティブな信念を強める情報といえるのか」，「その情報（出来事）は，それほど重大な出来事だといえるのか」という3つの視点から見直してください。

　あなたが体験した出来事は，誰にでも起こり得るものであるなら，それに基づいて必要以上にネガティブな信念を元気づけてあげる必要はありませんよね。また，ネガティブな信念を強めると思った出来事は，必ずしもネガティブな信念を裏づけるものではないかもしれません。たとえば，先ほどの例のなかで，"運転中に，後ろから車が接近してきた"ことを，「他人は自分に敵意を向けてくる」という信念を裏づける情報として挙げていました。ですが，車が接近してきた理由は，「何かの事情で急いでいたから」，「後ろの運転手は，それほど接近しているとは思っていなかった」など，いろんなことが考えられます。また，そのときは「重大なことが起こった」と思っても，あとで冷静に考えると「たいしたことではなかった」ということもよくあります。「とんでもないことになった」と気にしたけど，時間がたつとそれほど大変なことも起こらず大丈夫だったという経験は，私たちの身の周りにたくさんあります。

　このように，ネガティブな信念を強めると思って書きためた情報を見直してみると，案外「これはリストに入れなくてもいいかも」と思える情報が紛れ込んでいるものです。

【ネガティブな信念と矛盾する情報，新たな気持ちよい信念を強める情報をためる】
　先ほどの作業は，ネガティブな信念を強める情報を心の中にどれほどためやすいかに気づく作業，例えは悪いですがどれくらい借金がたまっているか「借金残高を確認する」という意味での「ためる」でした。

　これから行う作業は，正真正銘あなたを豊かにするためにコツコツためる作業です。これまで身の回りで起こっていたにもかかわらず，十分に拾い集めることができなかった"ネガティブな信念と矛盾する情報"や"新たな気持ちよい信念を強める情報"に意識的に目を向

けることによって,これらを心の中にしっかりとためていきます。そうすることで,ネガティブな信念の影響力を弱め,新たな気持ちよい信念を育むのです。

　そうした"あなたを豊かにするための情報"は,それに見合った出来事に注目するようにしてください。たとえば,「私はダメ人間だ」とか「私は無力だ」など,自分の能力を過小評価して自信を無くしてしまうような信念は,何に注目すればよいでしょうか。このような信念をもっていると,"できなかったエピソード"や"失敗した出来事"に注目しすぎてしまうでしょうから,その逆の情報に注目するとよいわけです。この場合だと,"何かを達成したエピソード"に注目するようにします。「私は誰からも愛されない」や「私には価値がない」という信念は,他人の素っ気ない態度や自分の期待に見合わない他人の態度に注目しやすくなるでしょうから,"他人からのポジティブなかかわり"に注目するように心がけてみるのです。

　ただし,"棚からぼた餅"はよろしくありません。「私はダメ人間だ」という信念によって自信のないことを避けようとしたり,「私は価値のない人間だ」という信念によって他人とかかわることを避けようとしていれば,ネガティブな信念を裏づける出来事が多いようにみえて当然です。無理せずできるところからでよいので,今まで避けていたことに取り組んでみるようにしてください。

　"ネガティブな信念と矛盾する情報"や"新たな気持ちよい信念を強める情報"に注目する際に大事なことがあります。それは,大物狙いに走るのではなく,些細なことや小さなことにも目を向けるということです。これまで注目しすぎてしまった"ネガティブな信念を強める情報"も,実はすべてが大きな出来事ではなく,些細な出来事もかなり紛れ込んでいます。むしろ,些細な出来事の方が多いといっても言い過ぎではないように思います。些細な出来事を上手に拾い上げて,ネガティブな信念を強める栄養源としていたのであれば,気持ちよい信念を強めたりネガティブな信念と矛盾したりする情報も,些細なものを拾えないと,文字通り割に合いません。"些細な良い出来事"は,「こんなの当たり前」とか「たいしたことない」などと過小評価されがちですが,せっかく起こったその小さな出来事をちゃんとキャッチしてあげてください。

　人間とは,自分の予想に見合わない情報は,見過ごしたり忘れたりしやすい生き物です。だから,"ネガティブな信念と矛盾する情報"や"新たな気持ちよい信念を強める情報"に注目することができたら,それを忘れないようにしっかりと心の中にためる必要があります。そのために,これらの情報をノートに書きためるということが役に立ちます。

　もちろん時間があればその都度書き込んでもよいですが,一日の終わりに少し時間をとって,ネガティブな信念と矛盾する出来事はなかったか,新たな気持ちよい信念を裏づける出来事はなかったか,ふり返ってみましょう。そうした情報を一日最低1個はみつけて,専用のノートに書き込むようにします。

ノートに書きためた"ネガティブな信念と矛盾する出来事"や"新たな気持ちよい信念を裏づける出来事"を，折に触れて見直してみてください。ネガティブな信念と矛盾する出来事や新たな気持ちよい信念を裏づける出来事が心の中にたまっていくと，それに合わせて行動も前向きになります。そのようにして，あなたにとって気持ちよい信念を少しずつ育んでいきましょう。

　自分で信念に挑戦するための方法は，以上の３つです。これらの方法を用いて，ネガティブな信念とは異なる，あなたにとって気持ちのよい新たな信念を作り出してみてください。

　新たな信念を作り出す際に，注意することがあります。それは，ネガティブな信念とまったく対極の信念にならないようにするということです。オセロの裏表のように正反対な信念をみつけるとスッキリするように思えますが，あまりに極端すぎてあなたはきっと納得できないでしょう。納得のできないプラス思考が人を幸せにしないのと同じで，そんな信念を作り出したところで，あまり意味はありません。

　あなたが信じることのできる，ほどほどの信念を作り出すようにしましょう。たとえば，「私はダメ人間だ」という信念だと，「私はそこそこできる」となります。「私にはまったく価値がない」だと，「私にはほどほどの価値がある」となります。ただし，新たに作り出す信念は，これからの人生であなたが大切に育て上げるものになりますから，そこそこ良いものでないといけません。新たな信念は，あなたにとって"気持ちよいもの"であったり，"優しいもの"であったりするように仕立てあげてくださいね。

　作り上げた新たな信念は，前の章で紹介した"コーピングカード"に書き出し，できれば普段から持ち歩いてください。そして，ネガティブな信念の影響を受けた自動思考がひょっこり顔を出そうとしたら，カードを取り出して"気持ちよい信念"を自分に優しく伝えてあげてください。実際に声に出してもいいし，頭の中で語りかけてもかまいません。その際，優しい声のトーンで，自分に語りかけてあげましょう。そして，そのような信念を心から信じているかのようにふるまってください。日常生活のなかで，新たな信念を裏づける情報をしっかりとキャッチし，その情報を心の中にためていきましょう。これを繰り返すことが，「新たな信念を育て上げる」という営みです。

　何であっても，何かを育て上げる作業は，時間がかかるものですし，丁寧さが求められます。ましてや，あなたの心のもとをなす信念ならばなおさらです。ネガティブな信念で傷ついた自分をいたわってあげつつ，新たな信念をあなたの心の中でじっくりと育て上げてくださいね。

❖身近なケースでみてみよう

①会社員の山内さんの場合

山内さんは,これまで書きためたみつめなおし日記を見直してみました。すると,「〜できない」,「駄目」,「ミス」,「クビ」といった言葉が並んでいることに気がつきました。いずれも,能力の過小評価や無能感,つまり「俺なんて何もできない,駄目な人間なんだ」という共通の考えを背景にもっている可能性がうかがえます。そこから,山内さんが抱いている自分自身についての信念は,「俺はダメ人間だ」と気づきました。

一方,「上司や同僚は,俺を駄目な社員だと思っている」,「こんなことでは,会社をクビになるだろう」という2つの自動思考は,"他人が自分を見た場合"と仮定して(つまり,実際にどう思われているのか,という客観的な事実や評価は脇に置いておいて),山内さんが主観的に抱いているものです。ここに共通して見えてくるのは,"他者からマイナスに評価されているだろう"という考えです。ここから,世の中に対して抱いている信念は「俺は誰からも必要とされない」であると山内さんは考えました。

山内さんは,「俺はダメ人間だ」という信念に挑戦してみることにしました。まず,みつめなおし日記を活用してみます。信念の根拠として,「上司から『こんなミスをするなんて,どういうことだ!』と責められたことがある」とか「他の仕事でも,自分の責任でミスをしたことがある」など,これまでの仕事におけるさまざまな出来事を思い出しました。一方,この信念に対する矛盾点として,「本当に"無力"で何もできない人間なら,仕事を任されるということはないよなぁ」とか「学生時代はサークルで何度も幹事をやったし,頼られていた。今も頼ってくれる同期もいる」などを挙げることができました。また,このような信念のままでいると,「悲しくなって,気力も落ちて,何もやりたくなくなる。自分への自信もなくなるし,周りの目も気になる」というデメリットがあると思いました。このように,みつめなおし日記の7つの質問に答えた山内さんは,「俺は,そこそこ力を発揮できる人間だ」という新たな信念を作り出しました。

山内さんは,「俺はダメ人間だ」という信念がどのような状況で気になってしまうか,普段の生活をしばらく観察してみました。すると,信念の根拠で挙げたようなミスに注目することもあれば,仕事を一応終えているのに自分が納得できないと「これでは駄目だ」と判断してしまっているなど,「俺はダメ人間だ」が強化されそうなエピソードに目が向きやすいことに気づきました。

そこで,新たに作り出した「俺は,そこそこ力を発揮できる人間だ」という信念を裏づけるようなエピソードを,毎日1つみつけてノートに書きためることにしました。そのうち,以前と比べて自分ががんばっているところにも注目できるようになってきたと思えるように

なりました。

　山内さんは，今もノートに新たな信念を裏づけるエピソードを書きため，それを折に触れて読み返すことで，新たな信念を育んでいます。

　②大学生の鈴木さんの場合
　友人からメールの返信がすぐに来ないことに対して，「私のメールが気に障ったのにちがいない」，「友人は，私のことを嫌っているんだ」という自動思考が浮かんだ大学生の鈴木さん。メールの場面だけでなく，友人の態度が普段と違って元気がなかったり，不機嫌そうにしているときにも，同様のことを考えて不安になってしまいます

　鈴木さんは，これまで書きためたみつめなおし日記を見直しました。すると，多くの自動思考で共通した心のルールみたいなものがみえてきました。それは，「友達など周囲の人から嫌われないようにしなければならない」というルールです。ここから，鈴木さんは「誰からも嫌われてはならない」という信念が潜んでいると考えました。

　鈴木さんは，みつめなおし日記の7つの質問に答えることで，「人から嫌われたくないけど，すべての人に好かれるのも不可能な話。相手から嫌われるのを気にしすぎて自分を押し殺すのではなく，自分をもっと大切にしてあげよう」という新たな信念を作り出しました。

　そして，この信念を育むために，鈴木さんは行動実験を行うことにしました。いつも人の顔色をうかがい，自分を押し殺してきたのは，「嫌われてはいけない」という信念が強かったからだと考えた鈴木さん。

　そこで，自分を押し殺して周囲に合わせすぎるのではなく，適度に自己主張してみることで，周囲の反応はどうか，自分の気持ちはどう変わるかを，行動実験ワークシートを用いて，何度も実験してみました。これまで友達などにはっきりと自己主張をした経験が少なかったので，グループでお喋りしているときに自分と同じ考えを誰かが言ったら，「私もそう思う」と言ってみる程度の些細なことからはじめてみました。そして，鈴木さんの言いたいことやしてみたいことを，周囲に少しずつ表現するようにしてみました。

　すると，周囲の反応は，たまに鈴木さんの懸念した厳しいものもないわけではありませんでしたが，好意的な反応も多かったり，好き嫌いに分けられない中立的な反応もあったりすることを，身をもって理解することができました。また，なによりも，これまでのように自分を押し殺して周囲に合わせる一方の過ごし方ではなく，少しでも言いたいことを言ってみるということが，こんなにも気持ちよいものなんだと，身をもって体験することができました。「自分を大切にするというのは，こういう感覚なのか」とも思いました。

　もちろん，まだまだ人前では「嫌われてはいけない」という信念がひょっこり顔を出すときがある鈴木さんですが，一方で「人から嫌われたくないけど，すべての人に好かれるのも

不可能な話。相手から嫌われるのを気にしすぎて自分を押し殺すのではなく，自分をもっと大切にしてあげよう」という信念を大切に育もうと，それを書いたカードを持ち歩いて毎日を送っています。

③主婦の田中さんの場合

田中さんは，次女とのやりとりでストレスを感じることが多かったので，みつめなおし日記に書いたエピソードを通して，下向き矢印法を用いて信念を探ってみることにしました。

まず，「次女は高校受験を失敗し，まっとうな道から外れてしまう」という自動思考を出発点としました。そして，それが本当だとして，どのような問題があるかを考えてみました。すると，「次女が不幸になってしまう」という答えが浮かびました。それは自分にとってどんな意味をもつのか考えてみると，「私の育て方が悪いから，そんなことが起きるんだ」という答えが浮かびました。それは自分にとってどんな意味をもつのか考えると，「私がしっかりしていないから，よくないことが起こる」という信念にたどり着きました。

田中さんは，信頼している親友の福田さんなら，どのように考えるだろうかと想像してみました。すると，「バランスのとれている彼女は，きっと"すべて自分の力でどうにかなるわけではない。私は自分にできることを精いっぱいしていればよい"って考えるだろうな」と福田さんが考えそうなことを想像できました。さらに，「人一倍思いやりの強い福田さんなら，『"私なりによくやっているよ"って優しい信念をもってもいいんだよ。あなたはよくがんばっているのだから』と言ってくれるだろうな」と，福田さんの穏やかな表情を思い浮かべながら考えました。

田中さんは，いずれの信念もこれからの人生でじっくりと育みたいと強く思いました。そこで，「すべて自分の力でどうにかなるわけではない。私は自分にできることを精いっぱいしていればよい」という信念を備えているかのようにふるまうと，どのような行動をとるか考えてみました。その結果，娘たちには今までのようにクドクドと言うのではなく，どうしても言いたいことがあれば端的に表現するようにしました。また，あれこれ細かく言いつけるのではなく，娘なりによくがんばっているところを褒めてあげるようにもしました。そうすると，自分自身が今までのようにイライラすることが減ってきたように感じました。

また，一日の終わりに「私なりによくやった」と思える出来事を思い返してみつけるようにしました。その際，これまでだったら「そんなのできて当たり前」と過小評価していたエピソードにも注目するように心がけました。そうしたエピソードが1つみつかったら，「今日も一日お疲れさま。今日は○○をがんばったね。私は，私なりによくやっているよ」と鏡を見ながら笑顔で優しく自分に語りかけてあげることを，日々の習慣にすることにしました。

クールダウン
これでおしまい，だけどすべての始まり

　考え方の幅を広げるワークは，これでおしまいです。自動思考をつかまえるところから，そのもととなる信念に挑戦するところまで，おつきあいいただきありがとうございました。
　認知療法を終えた患者さんから，「ところで，認知療法はいつまで続ければよいですか？」と，尋ねられることがあります。そんなとき私は，「役に立つと思えれば，一生続けてくださいね」とお答えしています。これをみたあなたは，「一生なんて！」と驚かれるかもしれません。
　では，あなたは誰かから「私は，いつまで食事を摂り続ければよいですか？」と尋ねられると，何と答えますか？「一生食べ続けてくださいね」と答えますよね。なぜ，そう答えるかというと，「それが自分に役に立つ」うえに「それほど負荷もなく取り組める」からです。
　心の重荷を軽くする方法として，認知療法だけで充分だとは思いません。ですが，認知療法は心の重荷をうまく背負うための方法として，あなたの力になってくれます。そのうえ，練習を重ねれば重ねるほど，ここで紹介した方法はそれほど負荷なく取り組めるようになります。無理なくできる技として身につき，それがあなたの生活に資するものであるなら，続けても悪くないと思いませんか。そういう意味で，この本のおしまいは，あなたが認知療法を生活に活かす始まりでもあります。

　この本のなかでは，プラス思考やポジティブな考えを，あまり重視しませんでした。とかく「より速く」とか「より強く」といったことが強調される世の中です。大きな成長を目指すために，そうしたあり方が重視されるのかもしれません。そのために，プラス思考やポジティブな考えが求められるのも頷けます。
　だけど……。人間の成長には，本当にこうした要素だけが大事なのか，私には疑問です。私たちが自分らしく豊かに生きるうえで，遅さや弱さ，マイナス思考やネガティブな考えは不必要なのでしょうか。
　人間は，そんなに強い存在ではないと，自分自身をかえりみてつくづく思います。むしろ，優柔不断，臆病，汚さ，嫉妬，後悔など，"弱さ"を表す特徴を，私たちはしっかりもっている。実は，そうした弱さを抱えながら生きていく姿に，人間のもつ本当の強さが潜んでいると，私は考えています。
　そして，そうした弱さを否定することなく自分のなかにしっかりと受け止めることによって，私たちはもっと自分に優しくなれたり他人に優しくなれたりするのだと思うのです。弱

さを抱えているからこそ，人生に反映される深みや豊かさがあるのではないかと思うのです。

　そんな"弱さ"を，強さに変えるような無理を強いるトレーニングではなく，それと上手におつきあいするための方法として，この本で紹介したことがあなたに役立つことがわずかでもあると，幸せです。

　考えの幅を広げるセルフヘルプ（自助）本のつもりが，最後に少し出すぎたことを書いてしまいました。どうか，あなたのペースで，この本で紹介したことを何度も練習してください。一方で，ひとりではどうにもならないような場合は，我慢せず専門家に頼ってください。

　この世に命を与えられた仲間として，いずれ命が尽きる運命を背負った同士として，一度だけの人生を存分に味わい尽くしましょうね。

エピローグ——とあるバーでの会話

「マスター，いつもの」
　カウンターで静かにグラスを傾けている私に，常連が話しかけてくる。
「おや，竹田さん。こんばんは。今度出された『考えの幅を広げよう』って本，読みましたよ」
「ほんとですか!?　ありがとうございます」
「私もさっそく【みつめなおし日記】を使って，考えの幅を広げる練習をしていますよ。少しずつですけどね」
「少しずつっていうの，すごく良いと思いますよ。考えの幅を広げるなんて，誰にとっても大変なことだと思うんです。そんな大変なことを，一気に達成しようとするのではなくて，自分のペースで少しずつ練習を重ねていく。その積み重ねで，考え方が柔らかく，幅広くなっていくんです。この本を読んでくださっている方にも，少しずつ練習を重ねて自分の技にしてほしいなぁ」
「練習を重ねて少しずつっていうのが，考えの幅を広げる技を身につけるポイントですね。それなら，私にもできそうですよ。ところで，この本どうして書こうと思われたの？」
「僕もよく経験するんですが，くよくよと考えすぎてしまうことって，誰にでもあると思うんです。そんなとき，ポジティブに考えるよう勧められることが多いですよね」
「"プラス思考で人生も変わる"みたいなこと，盛んに言われていますよね」
「でも，そもそもポジティブに考えられないから困っているわけだし，何でもかんでもポジティブやプラス思考がもてはやされると，人はどこかで無理が強いられて息苦しくなってしまうんじゃないかと。誰もが経験するマイナス思考をプラス思考で封じ込めるような闘いを自分に強いるのではなく，マイナス思考と上手におつきあいすることができればいいですよね。それで，考えの幅を広げる方法を，どんな人も実践できるようにわかりやすく書きたいって思ったわけです」
「へぇ。そういう気持ちで書かれたんですねぇ。そういや，この本，ほかにも何人か執筆されていますね」
「一緒に書いた3人は，僕が勤めている鳥取大学で学んだ卒業生なんです。彼女たちが，ユガミンの名前やイラストを考えてくれたんです」
「ユガミン，イラストはかわいくて，どれも覚えやすい名前ですね。私も，嫌な気分になると，『フィルタンが悪さをして，一面から物事を見すぎてないか』ってふり返るようにしていますよ」
「それに，この本を出版してくださった遠見書房の山内俊介さんには，とても感謝してい

ます。初めての単著を出していただいたのも，山内さんなんです。今回も，『こんな本を作りたいんです』ってお願いしたら，快く『やりましょう』って」

「その山内さんって人，気持ちのいい人ですねぇ」

「まったくです。そのほかにも，原稿を丁寧にチェックしてくれたり励ましてくれたり，この本を出すにあたって"ちからの源"になってくれた人がいます。そんな素敵な人たちと出会えた幸運に，心から『ありがたいなぁ』って思うんです」

「人の出会いって，いいもんだなぁ。それはそうと，今回は嫌な気分を軽くする本だったと思うんですけど，嫌な気分を感じないですむような本を，今度作ってみてくださいよ」

「それは難しいな。人である以上，嫌な気分を感じないですむなんて，あり得ないと思うんです。逆に，いろんな気分を味わえることこそ，僕たち人間の持つ魅力でもあるんじゃないかな。もし，嫌な気分をまったく感じないでいられるようにできたとして，その人は本当に幸せだといえるのか，疑問なんです。人には，いろんな気分を味わえる力があるのに，そのうちの嫌な気分が味わえなくなったとしたら，人生からその分の深みが失われるのではと」

「なるほどねぇ。いろんな気分を味わえるっていうのは，私たちが持っている魅力なんですね。そう考えると，嫌な気分も含めてさまざまなことを体験するっていうのも，なんだか悪くないように思えてきますね。さっそくいろんなものを味わってみたくなりましたよ。まずは，先ほどと違う酒を味わってみませんか」

「いいですね。味わい深い人生に，乾杯！」

巻末にある「みつめなおし日記」（付録1；次頁），「行動実験ワークシート」（付録2；次々頁）は，小社HP（http://tomishobo.com/catalog/ca42.html）からもダウンロードできます。本書の読者の方に限り利用できます。該当箇所をじっくりとお読みの上，お使いくださいますようお願いいたします。

付録1

みつめなおし日記

1. 嫌な気分になったのは…
- いつ？
- どこで？
- 誰と？
- 何をしていたとき？

2. そのとき浮かんだ考えは

2. であなたを一番つらくさせる考えを1つ選び〇をつけてください。

3. どんな気分？ それは100点満点中何点ぐらい？
- [　　　　　]　…　　点
- [　　　　　]　…　　点
- [　　　　　]　…　　点

4. 〇がついた考えにくっついているユガミンはだれ？ その理由は？
- シロクロン　（　）_____
- フィルタン　（　）_____
- ラベラー　（　）_____
- マグミ　（　）_____
- ベッキー　（　）_____
- ジーブン　（　）_____
- パンカー　（　）_____
- ジャンパー（　）_____

5. ユガミンと上手につきあうための7つの質問

①その考えがそのとおりだと思える理由は？
_____

②その考えと矛盾する事実は？
_____

③その考えのままでいるデメリット（良くない点）は？
_____

④この状況であなたが頑張っている点や良いことは？
_____

⑤親しい人が同じ考えで苦しんでいたら何と言ってあげる？
_____

⑥この考えから解放されるために何をすればよい？
_____

⑦自分にどんなことを言ってあげると楽になれそう？
_____

答えるヒント
- 「良し悪し」などアイデアの評価を行わない。
- 心の柔軟体操だと思って気楽に考える。

6. 7つの質問をまとめて、バランスの良い考えにすると
_____

7. そう考えると、『3』の気分の点数がどう変わるかな？
- [　　　　　]　…　　点
- [　　　　　]　…　　点
- [　　　　　]　…　　点

付録2

行動実験ワークシート

① 試してみたい考えは？ その確信度は何％？
　・[　　　　　　　　　　　　　　　　　　　　　　　　　　　　　　　　] … 　　％

② どんな方法で実験を進める？
　いつ？　　　　　どこで？　　　　　だれと？

③ 予測 （②をするとどんなことが起こると思う？）

④ 実験中に考えられるトラブル

⑤ トラブルへの対処法

⑥ 実験結果のまとめ
　・実験をしてみて、どんなことが起こりましたか？

　・実験したあとの気分はどうでしたか？
　・実験したあとの体の感じはどうでしたか？
　・相手はどのような反応でしたか？（発言や態度はどうでしたか？）

⑦ 実験を通してわかったこと

　・①の試してみたい考えの確信度はどの程度ですか？　　　　　　　　　　　％

著者略歴
竹田伸也(たけだ・しんや)

香川県丸亀市生まれ。鳥取大学大学院医学系研究科医学専攻博士課程修了。鳥取生協病院臨床心理士,広島国際大学心理科学部講師を経て,現在,鳥取大学大学院医学系研究科臨床心理学専攻講師。博士(医学),臨床心理士,専門行動療法士,精神保健福祉士。

主な著書
『認知行動療法による対人援助スキルアップ・マニュアル』(遠見書房,2010年)
『誰でもできる脳いきいき教室のすすめ方―地域で楽しめる認知症予防活動』(編著,萌文社,2010年)
『アルツハイマー病スクリーニング用ツールキット―竹田式三色組合せテスト』(日本医療福祉生活協同組合連合会,2011年)
『対人援助職に効く ストレスマネジメント―ちょっとしたコツでココロを軽くする10のヒント』(中央法規,2014年)
『クラスで使える!ストレスマネジメント授業プログラム「心のメッセージを変えて気持ちの温度計を上げよう」』(遠見書房,2015年)
『心理学者に聞く みんなが笑顔になる認知症の話―正しい知識から予防・対応まで』(遠見書房,2016年)
『対人援助職に効く 認知行動療法ワークショップ―専門職としての力量を高める3つのチカラ』(中央法規,2017年)など。

共同執筆者( )内はそれぞれの仲良しのユガミン。
片平 志保　西日本旅客鉄道株式会社 米子健康増進センター(ジャンパー,パンカー)
松尾 理沙　沖縄大学人文学部こども文化学科(ジーブン,ジャンパー)
大塚美菜子　(公財)ひょうご震災記念21世紀研究機構兵庫県こころのケアセンター(シロクロン,ベッキー)

マイナス思考と上手につきあう
認知療法トレーニング・ブック
心の柔軟体操でつらい気持ちと折り合う力をつける

2012年8月15日　初刷発行
2017年3月25日　7刷発行

著　者　竹田伸也(シロクロン,ジャンパー)
発行人　山内俊介(ジーブン,ラベラー)
発行所　遠見書房

〒181-0002　東京都三鷹市牟礼6-24-12
三鷹ナショナルコート004
TEL 050-3735-8185　FAX 050-3488-3894
tomi@tomishobo.com　http://tomishobo.com
郵便振替　00120-4-585728

印刷　太平印刷社・製本　井上製本所
ISBN978-4-904536-42-1　C0011
©Takeda Shinya 2012
Printed in Japan

※心と社会の学術出版　遠見書房の本※

遠見書房

＝本書のリーフレット＝

『マイナス思考と上手につきあう 認知療法トレーニング・ブック』用
心理教育用ユガミン・リーフレット

竹田伸也ほか著

ISBN978-4-86616-001-6　C3011　40枚1セット　本体2,400円＋税

本書『マイナス思考と上手につきあう 認知療法トレーニング・ブック』向けに開発されたリーフレット。本書に掲載されているユガミンの解説と，認知療法のポイント，「みつめなおし日記」「行動実験ワークシート」をまとめたもので，患者，クライエントさんとの面接場面に，心理教育の教材に，ご利用いただけます。

『認知療法トレーニング・ブック』セラピスト・マニュアル
竹田伸也著

本書『認知療法トレーニング・ブック』のために書かれた治療者・セラピスト向け副読本。認知療法の入門書としても使える内容になっています。「ホームワーク」を中心に，歪みを見つけ，信念に挑戦するまで，いかにクライエントをサポートしていくかを詳説。セラピスト必携の1冊です。1,800円，四六並

クラスで使える！（CD-ROMつき）ストレスマネジメント授業プログラム
心のメッセージを変えて気持ちの温度計を上げよう
竹田伸也著

認知療法が中小のストマネ授業教材としてパワーアップ！　付録のCD-ROMと簡単手引きでだれでも出来る。ワークシートの別売あり。2,600円，A5並

心理学者に聞く みんなが笑顔になる認知症の話
正しい知識から予防・対応まで
竹田伸也著

本人・家族・支援者のために書かれた高齢者臨床を実践し介護にも関わる心理学者ならではの，予防と対応のヒント集です。1,400円，四六並

働く人びとのこころとケア 介護職・対人援助職のための心理学
山口智子編

産業心理学の理論と臨床実践を紹介しながら，人びとが生き生きと働くためには，どのようなことが役立つのか。対人支援の現場を中心にした，新しい産業心理学を模索する1冊。2,600円，A5並

緊急支援のアウトリーチ
現場で求められる心理的支援の理論と実践
小澤康司・中垣真通・小俣和義編

今，対人援助の中で大きなキーワード「アウトリーチ」を現場の感覚から理論と技術をボトムアップした渾身の1冊。個人を揺るがす事件から大規模災害まで援助職は何をすべきか？　3,400円，A5並

認知行動療法による 対人援助スキルアップ・マニュアル
竹田伸也著

認知行動療法のテクニックで対人援助の仕事がうまくなる，楽しくなる。援助，セルフケア，仕事仲間とのコミュニケーションなど，悩みがちな場面でのさまざまなスキルを大紹介。2,200円，四六並

学校でフル活用する認知行動療法
神村栄一著

日々の相談に認知行動療法を取り入れれば，子どもたちとその環境によい変化がもたらされるハズ。認知行動療法と学校臨床の達人によるこの本を読み進めていくうちに解決志向なCBTの理論と技術が自然と身につく！　1,600円，四六並

条件反射制御法ワークブック
やめられない行動を断ち切るための治療プログラム【物質使用障害編】
長谷川直実・平井愼二著

病院や司法などの施設で物質乱用のメカニズムを学びながら，条件反射制御法のステージを進めてゆくイラスト満載のプログラム手引き。1,200円，B5並

N: ナラティヴとケア
人と人とのかかわりと臨床・研究を考える雑誌。第8号：オープンダイアローグの実践（野村直樹・斎藤　環編）新しい臨床知を手に入れる。年1刊行，1,800円

臨床家のための自律訓練法実践マニュアル
効果をあげるための正しい使い方
中島節夫監修／福山嘉綱＋自律訓練法研究会著

効果の高い手技として知られる自律訓練法。同療法を始めて30年を超える臨床家がクライエントに指導するときに必要となる基礎からコツ，真髄までをじっくりと教授。2,700円，A5並

子どもの心と学校臨床

SC，教員，養護教諭らのための専門誌。第16号 SCの個人面接──学校コミュニティの中での実践と課題（福田憲明編）。年2（2, 8月）刊行，1,400円

価格は税別です